供电企业班组长
核心能力提升手册

国网浙江省电力有限公司丽水供电公司　组编

叶周娟　主编

中国电力出版社

CHINA ELECTRIC POWER PRESS

内 容 提 要

本手册基于国网丽水供电公司在电力生产、营销、管理等方面的实践经验，结合公司在线损治理、电力管理等方面所遇到的难题及解决情况而编写。全书共六章，第一章主要论述了供电企业班组长的角色定位和核心能力要求，并对本手册所建立的核心能力体系进行了专门说明，帮助读者在理解的基础上，掌握本手册所提供的各项能力提升工具或资源的使用方法。第二至六章分别阐述了专业业务能力、沟通协调能力、自我管理能力、团队建设能力和创新应变能力五个班组长核心能力，具体讨论了每个能力的定义、构成要素、行为分级及提升策略，并展示了相关的典型案例。

本手册适合供电企业管理人员、班组长及相关研究人员阅读，有助于提升班组长综合能力，丰富相应领域的培训资源和研究资源。

图书在版编目（CIP）数据

供电企业班组长核心能力提升手册 / 国网浙江省电
力有限公司丽水供电公司组编；叶周娟主编 .-- 北京：
中国电力出版社，2025.8（2025.11重印）.-- ISBN 978
-7-5239-0240-0

Ⅰ. F407.616.6-62

中国国家版本馆 CIP 数据核字第 2025Z4Z938 号

出版发行：中国电力出版社
地　　址：北京市东城区北京站西街 19 号（邮政编码 100005）
网　　址：http：//www.cepp.sgcc.com.cn
责任编辑：穆智勇（010-63412336）
责任校对：黄　蓓　朱丽芳
装帧设计：王红柳
责任印制：石　雷

印　　刷：北京锦鸿盛世印刷科技有限公司
版　　次：2025 年 8 月第一版
印　　次：2025 年 11 月北京第二次印刷
开　　本：787 毫米 ×1092 毫米　16 开本
印　　张：7.75
字　　数：155 千字
定　　价：50.00 元

供电企业班组长
核心能力提升手册

编 写 组

主　　编　叶周娟

副主编　杨　浩

参编人员（排名不分先后）

　　　　　纪定南　吴凌云　唐聆珂　范萧艺　陈宗智　董琦彦

　　　　　刘勇来　李小凯　陈　涛　吕振坤　项鸿浩　杨晶斌

　　　　　陈　瑜　李　政　唐超颖　颜兴军　陈韵旨　林虹谷

　　　　　陈小花　谢馨慧　胡健鹏

前　言

在当今新型电力系统加速建设的大背景下，以国家电网有限公司为代表的电力企业面临着诸多新的机遇与挑战。随着电网智能化升级、新能源接入及客户对供电质量和服务要求的不断提高，基层班组的管理水平和工作效能遇到了前所未有的挑战。班组长作为基层团队的核心人物，其能力素质的高低直接关系到公司各项任务在一线的落实质量，关乎电力供应的稳定性、安全性和可靠性。因此，编写本手册旨在为班组长提供一套系统且针对性强的能力提升指引，助力其更好地适应行业发展趋势，满足公司战略发展需求。通过提升班组长的专业业务、沟通协调、自我管理、团队建设和创新应变能力，确保电网运营安全稳定，实现公司战略目标在基层的精准落地，提升公司整体运营效能，增强公司在电力行业的竞争力。

浙江丽水地区独特的地理环境和经济发展态势，使得电力调控、电网运维和供电服务等工作具有一定的特殊性。例如，部分区域地形复杂，给输电线路的建设与维护带来困难；同时，地方经济发展对电力供应的稳定性和灵活性要求较高。国网丽水供电公司基于在电力生产、营销、管理等方面的经验，深刻认识到班组建设的重要性，尤其是做好班组长队伍培训提升和能力建设，充分发挥班组长在保障电力供应可靠性、提升服务满意度、推动技术创新应用等方面的关键作用；结合公司在线损治理、电力管理等方面所遇到的难题及解决情况，明确了该地区电力行业对班组长人才的需求，要求班组长不仅要具备扎实的专业技能，还需拥有出色的组织协调和问题解决能力，能够带领团队在复杂情况下保障电力供应的顺畅。本手册的编制充分考虑了这些地区特色因素，以确保班组长能力提升与实际工作需求紧密结合。

而对于公司培养发展的班组长个人而言，提升核心能力有助于拓展其职业发展空间，增强其在团队中的领导力和影响力，使其能够更加从容地应对工作中的各种挑战，实现自我价值的最大化。从团队层面来看，优秀的班组长能够激发团队成员的工作积极性和创造力，提升团队整体绩效，营造积极向上的工作氛围，增强团队的凝聚力和战斗力，进而为公司打造一支高素质、高效率的基层电力队伍。

本手册为电力企业班组长量身定制，涵盖了输电、变电、配电、营销、调度等各个专业领域的基层管理岗位。无论是负责电力生产运行的班组长，还是专注于客户服务与市场拓展的班组长，均可依据手册内容，结合自身岗位特点，有针对性地提升相应能力。

本手册虽是基于国网丽水供电公司的实际情况编写的，但其中涉及的班组长核心能力要素，如专业业务能力中的安全管理、技能提升，沟通协调能力中的内外部关系处理，团队建设能力中的梯队培养与绩效管理等，在整个电力行业乃至其他类似工业企业中都具有广泛的适用性和重要的借鉴意义。这些能力是确保基层管理工作高效开展的关键因素，不受地域和企业差异的限制。

由于时间所限，书中疏漏在所难免，恳请广大读者批评指正。

编者

2025 年 7 月

目　录

第一章 概 述

一、班组长的角色定位

在电力生产与服务领域，班组长的地位举足轻重，他们既是前线指挥官，又是安全守护者、团队凝聚者及沟通协调者，在团队和组织中发挥着不可替代的作用。

（一）多面角色守护安全

在电力生产与服务的最前沿，班组长扮演着指挥官的角色。他们负责根据任务要求，制定工作计划，精确组织和调配人力、物力资源，确保电力生产任务的高效执行。例如，在电网抢修工作中，快速制定抢修方案，高效组织安排抢修人员、调配抢修设备，以最快速度隔离故障、恢复供电，保障社会生产生活用电的正常运转。

安全生产是电力行业的生命线，班组长作为安全守护先锋官，肩负着重大责任。他们必须深入贯彻国家和上级单位的安全法规与制度，建立并严格执行班组安全生产责任制，通过组织安全培训、开展安全检查和隐患排查治理等工作，确保每一位班组成员时刻牢记安全操作规程，防范各类安全事故的发生。

班组长还是团队的凝聚者，需要最大化发挥团队合力和活力。他们需要密切关注班组成员的思想动态和职业发展需求，通过组织多样化的培训、交流与团队建设活动，提升团队整体技能水平和协作能力，营造团结友爱、积极进取的团队氛围，激发团队成员的工作热情和创造力，使团队成为一个紧密协作的战斗整体。

作为连接班组与上级部门、其他班组及外部单位（如属地政府、电力用户等）的桥梁纽带，班组长还承担着沟通协调者的角色。他们既要准确传达上级指令和要求，及时反馈班组工作进展和问题，又要积极与外部单位沟通协作，协调解决工作中出现的各种矛盾和困难，维护良好的内外部工作关系。

（二）多元期望承载担当

对于公司而言，他们期望班组长能够深刻领会公司战略目标，将其转化为具体的班组工作计划和行动方案，并带领团队坚定不移地贯彻执行。在推进电网建设、提升供电服务质量、落实节能减排任务等方面，充分发挥基层团队的力量，确保公司战略在一线工作中得到有效落地。

对于班组成员而言，他们期望班组长成为他们职业成长道路上的引路人。这包括提供公平公正的工作分配和职业发展机会，给予专业的工作指导和技术支持，帮助他们不断提升自身能力，实现个人职业目标。同时，班组长还要注重团队成员的身心健康，营造和谐稳定的工作环境。

对专业部门而言，他们期望班组长能够精准落实技术标准与规范，成为专业要求在基层落地的关键执行者。具体包括：严格遵循设备运维、安全规程等专业技术要求，高效完成专业部门部署的专项任务；主动反馈现场技术难题与改进建议，为专业决策提供一线实践经验；协调跨班组技术资源，推动专业领域协同攻坚，助力技术难点突破与成果转化等。

在电力行业竞争日益激烈的今天，班组长还要致力于带领班组打造行业标杆，在安全生产管理、技术创新应用、客户服务优化等方面取得卓越成绩，为公司树立良好形象，提升公司在行业内的知名度和竞争力，推动公司整体发展水平的提升。

二、班组长核心能力模型

班组长的多重角色与多元期望，决定了其能力体系必须覆盖从技术执行到团队引领的全方位要求。基于电力行业特性和基层管理实践，班组长核心能力模型聚焦专业业务、沟通协调、自我管理、团队建设、创新应变五大维度，形成支撑角色成长、期望落地的能力闭环。

班组长核心能力模型如图 1-1 所示。

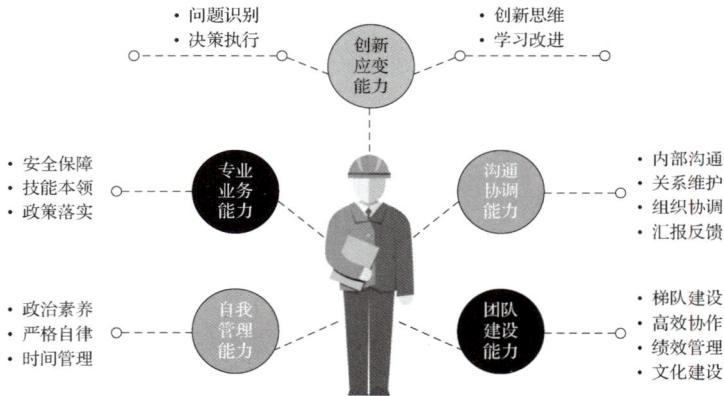

图 1-1　班组长核心能力模型示意图

专业业务能力：作为生产任务的核心执行者，班组长需精通设备运维、安全规程等技术要求，确保生产高效安全——这是立足岗位的根基。

沟通协调能力：承担"桥梁纽带"角色，班组长必须贯通上下级指令传递、跨班组资源协同、外部单位关系维护——这是消除壁垒的关键。

自我管理能力：面对复杂任务与高压环境，班组长需以身作则，通过时间管理、严格自律实现个人效能最大化——这是引领团队的前提。

团队建设能力：凝聚战斗集体，需通过梯队培养、文化建设激发团队潜能——这是持续发展的保障。

创新应变能力：应对电网智能化转型与突发问题，班组长需突破惯性思维，快速识别风险并推动改进——这是行业竞争的破局点。

五大核心能力相互支撑：专业能力为执行提供技术底气，沟通能力为协作搭建通道；自我管理确保领导者率先垂范，团队建设转化为组织战斗力；创新应变则驱动基层班组单元在变革中持续进化。这一模型既呼应了地市公司对战略落地的要求，也满足了班组长及班员对个人成长环境的需求，契合电力行业对安全、效率、创新的三重追求。通过该核心能力模型的持续深耕和发挥作用，能够促进普通班员成长升级为合格的班组长、在职班组长逐步晋升为更高级别管理人员，进而推动公司高质量发展。本手册第二～六章将进一步介绍各项核心能力及其包含的能力要素，帮助读者充分理解和学习进步。

三、班组长核心能力体系

（一）分级设计逻辑

基于班组长核心能力模型，本手册使用L1~L4四级递进策略，构建了标准化的班组长能力分级体系，帮助班组长了解需要掌握的核心能力及其要素，清楚各能力要素每一层级的标准要求，并在该体系的指导下实现从基础执行到战略引领的能力跃迁。

（二）班组长核心能力体系构成

班组长核心能力模型包括5大核心能力18个核心能力要素（具体见本章"二、班组长核心能力模型"部分），通过专家研讨、智库研判和班组长验证，本手册对各个核心能力要素进行了分级延展说明，进而构成了阶梯化、标准化的班组长核心能力体系。每个能力要素的分级包含"行为表现"与"提升任务"两部分。

1. 分级行为表现：明确不同层级的能力标准

分级行为表现及标准见表1-1。

表1-1　　　　　　　　　　分级行为表现及标准（示例）

能力要素	分级	对应行为表现及其标准
Xx能力要素	L1（入门级）	聚焦岗位基础能力，要求掌握基本专业要求、基础操作规范与安全规程，具备独立完成单一任务的能力
	L2（应用级）	强调任务的复杂化与流程优化，需熟练操作设备、掌握各项专业要求、处理常规问题，并能协调简单资源
	L3（拓展级）	注重跨领域协作与复杂问题解决，需制定系统性方案、指导他人工作并推动流程创新
	L4（指导级）	突出战略思维与经验传承，需主导创新变革、输出管理模式并培养团队整体能力

2. 分级提升任务：提供递进式学习目标

分级提升任务及要求见表 1-2。

表 1-2　　　　　　　　　　分级提升任务及要求（示例）

能力要素	分级	对应提升任务及要求
Xx 能力要素	L1（入门级）	通过按指令做事，学习该能力要素的基本要求，达成基本职责目标
	L2（应用级）	在按指令做事的基础上，通过主动做事，学习该能力要素的进阶要求，优秀完成职责目标
	L3（拓展级）	在完整掌握 L1、L2 级各项要求的基础上，发挥主观能动性，基于个人特质与专长做出特别贡献
	L4（指导级）	在拓展级的基础上，能够指导他人（班组成员及其他班组）实现在该能力要素上的提升

四、班组长能力提升资源体系

本手册为班组长创设了"政策－学习－工具－案例"四维资源库，覆盖从理论到实践的全链条支持。

（一）规章制度类

包含国家法律法规、行业标准、公司规范等，为能力边界与合规实践提供依据。通过研读法规制度，明确行为边界与操作规范，为能力提升奠定合规基础。

（二）课程资源类

整合内部课程与外部平台资源，提供针对性、系统化学习资源。结合分级任务选择课程，构建系统化知识体系，提升理论认知与专业素养。

（三）工具方法类

提供可复用的方法论及实用工具，助力解决能力提升过程中可能遇到的实践问题。针对具体工作场景匹配工具，实现流程标准化与效率提升，强化实践能力。

（四）典型案例类

精选电力场景实战案例（如防外破清单应用、线上营业厅创新），展示能力落地路径与成效。通过案例分析理解各项能力应用逻辑，加速经验转化，避免重复试错。

五、班组长能力提升策略

班组长应合理利用本手册，结合其他培训资源，掌握以下能力。

（一）精准定位能力掌握程度

通过"分级行为表现及标准"表（见表 1–1），精准识别当前能力层级与短板，明确优先提升方向。通过"分级提升任务及要求"表（见表 1–2），结合实际岗位职责与企业需求，有的放矢，逐个提升，补齐能力短板，突破能力壁垒。

（二）有效规划个人进阶路径

按"学习资源→完成任务→复盘案例→优化提升"循环推进，动态化、科学化、闭环化提升个人能力，推动班组建设，发挥班组力量。

- **学习阶段**：系统学习理论知识与工具方法，理解政策要求。
- **实践阶段**：结合提升任务开展工作，使用工具解决实际问题。
- **复盘阶段**：对照案例分析实践效果，总结经验教训。
- **优化阶段**：动态调整学习计划，迭代能力发展路径。

（三）着力提升班组创新成效

班组长充分领会各项核心能力及要素的意义和要求后，应当灵活参考、采纳和运用四维资源库提供的理论、工具与实战案例，构建"思维重塑→方法赋能→成果孵化"的创新逻辑，从被动执行转向主动创新，驱动班组创新效能持续突破。

- **思维重塑**：积极学习先进理论，深入剖析典型标杆案例，打破思维惯性，秉承"他山之石，可以攻玉"的理念，深耕"五小创新"（小发明、小革新、小改造、小设计、小建议），积累小想法，成就大创新。
- **方法赋能**：综合应用各核心能力涉及的方法论与技术要求，设计搭建适合班组成员共同学习的任务式场景，以练促学，以学促用，从而帮助班组扎实掌握新设备、新技术使用方法，显著提升新型设备使用率（如智能设备、数字化系统等），赋能班组实际，提升生产效率。
- **成果孵化**：将手册提出的各项能力提升任务与班组生产的痛点问题有机结合，设置为揭榜挂帅课题任务（如降低设备故障率、优化能耗等），从而充分激发班组长及班组成员的创新热情，在挑战和激励中自发学习手册内容，组成创新小组，形成"学习 – 实践 – 共享"滚雪球效应，高效稳定实现能力提升，孵化创新成果。

本章总结

本章系统介绍了班组长的角色定位，明确班组长作为电力行业"安全守护者、团队凝聚者、战略执行者"的多维角色使命，及其在战略落地、团队效能激发等方面的关键作用；详细阐述了班组长核心能力提升的底层逻辑与实践框架，基于 L1~L4 四级递进策略，搭建涵盖"专业业务能力、沟通协调能力、自我管理能力、团队建设能力、创新应变能力"等五大维度的能力模型，通过行为分级对标与任务阶梯拆解实现精准能力导航；同时还依托"政策 – 学习 – 工具 – 案例"四维资源库，构建了适用于班组长能力提升的"定位短板 – 规划路径 – 创新突破"全流程闭环。后续章节将围绕五大核心能力进行展开论述，分项化、垂直化解析各项核心能力的定义、要素、提升策略及可用资源，助力供电企业班组长夯实基础，成就卓越。

第二章 专业业务能力

一、能力认知：深挖业务本质，筑牢专业根基

（一）能力定义

专业业务能力是指班组长在其工作领域内，运用专业知识、技能和经验，有效履行岗位职责，确保工作任务安全、高效、准确完成的核心能力。它涵盖了对专业技术的深入理解与熟练运用，对工作流程和标准的精准把握，以及对各类业务问题的准确判断与妥善解决能力。专业业务能力是班组长在日常工作中实现专业操作、管理班组、推动业务发展的关键支撑，体现了其在专业领域的综合素质和业务水平，直接关系到工作质量、生产安全和团队绩效。

（二）能力构成要素

专业业务能力包含安全保障、技能本领、政策落实等要素，这些要素与岗位职责紧密相关，共同构成班组长履行职责的专业基础。

1. 安全保障

安全保障能力即班组长负责贯彻执行国家和上级单位安全规定，建立健全安全生产责任制，制定并落实班组安全管理目标和细则，通过组织安全活动、检查隐患、培训教育等措施，提升班员安全意识和技能，保障设备安全稳定运行，确保安全生产的能力。作为班组安全管理的直接责任人，班组长必须将安全保障贯穿于所有工作环节。通过制定和执行安全制度，保障班组成员在安全的环境下工作，避免因安全事故导致生产中断或人员伤亡，从而确保工作的连续性和稳定性，这是履行其他岗位职责的前提条件。

2. 技能本领

技能本领即班组长具备扎实的专业知识和技能，能够熟练掌握各类电力设备相关内容，负责修订作业指导书和方案，融入新技术、新标准，开展技能评级和培训，提升团队整体技能水平，以适应不断发展的业务需求，高效完成工作任务的能力。在日常工作中，班组长要凭借自身技能指导班组成员完成各类作业任务，保障设备正常运行。通过技能培训和评级，发掘团队成员潜力，合理分配工作任务，提高工作效率和质量，确保班组能够承担并出色完成各项专业工作任务，是实现高效生产的关键因素。

3. 政策落实

政策落实能力即班组长主动关注并深入理解上级政策，将政策与专业工作相结合，向班组成员准确解读，制定切实可行的工作计划和措施，在班组工作中严格执行政策要求，跟踪执行情况并及时调整优化，确保政策有效落地的能力。政策落实是保证班组工作与企业整体战略和行业规范相一致的重要环节。班组长通过准确解读政策，为班组工作确定方向，合理规划资源分配，避免工作偏离企业目标，同时通过跟踪和调整政策执行过程，保障班组工作在政策框架内持续优化和发展。

二、能力提升：聚焦业务突破，精进实战本领

班组长专业业务能力的提升并非盲目摸索，而是基于科学方法与阶梯式发展的系统性工程。通过分阶段、分层次的策略实施，结合实践场景中的具体表现要求，可实现从基础操作到战略统筹的全面进阶。本节将从分级行为表现、提升任务、提升可用资源、典型案例四方面，结合各能力构成要素的针对性要求，说明专业业务能力的提升路径。

（一）"安全保障"能力要素提升策略

1. 行为表现

"安全保障"能力要素各级别行为表现要求见表 2-1。

表 2-1 　　　　　"安全保障"能力要素各级别行为表现要求

L1 入门级	1. 具备较强的安全责任意识，完全理解掌握安全法规，掌握常见风险的辨识、应对方法； 2. 具备相关风险作业安全数字化系统管控能力，熟练编制、审核相关作业票据。
L2 应用级	1. 结合作业环境（天气、地形等）动态预判风险等级，主动调整防控措施，通过事故案例分析提炼本岗位典型隐患规律； 2. 及时发现并制止作业中的习惯性违章行为，主持班前会明确高风险环节控制要求，推动完善隐患排查消缺制度流程； 3. 根据设备异常现象（异响、温度异常）初步判断故障类型，制定周期性维护计划并监督执行
L3 拓展级	1. 建立班组安全档案并动态跟踪组员培训、违章数据，组织实战化应急演练（如触电急救、火灾逃生）； 2. 通过作业过程复盘优化安全管控节点，推动跨班组安全经验共享并建立隐患对比案例库； 3. 评估设备改造方案的安全性与经济性平衡，建立缺陷数据库并具备辨识分析无人机巡视、红外测温等新技术反馈信息的能力

续表

L4 指导级	1. 培育"主动安全"文化，通过案例复盘、经验分享实现全员安全意识内化； 2. 建立具有班组特色的设备全生命周期管理体系，推动新技术赋能安全管理工作（如 AI 缺陷识别、智能巡检系统应用）； 3. 设计双重预防机制，将风险管控措施固化为标准作业流程，形成可推广的管理模式

2. 工具方法

（1）能力要素提升任务：见表 2-2。

表 2-2 "安全保障"能力要素提升任务

分级	提升任务
L1 入门级	1. 深入领会学习安全法规与责任要求，全面掌握风险的精准识别与规范应对能力； 2. 掌握安全数字化系统操作逻辑，练习精进作业票据的规范编制与关键风险点审核能力
L2 应用级	1. 定期开展不同作业场景的风险动态评估并更新防控方案； 2. 主导班前安全交底会议，覆盖主要作业类型的风险说明； 3. 推动设备维护计划落地，完成隐患整改闭环管理
L3 拓展级	1. 优化作业流程的安全管控节点并验证实效； 2. 制定设备升级计划，推动阶段性技术改造； 3. 建立隐患排查消缺制度流程并确保常态化运行
L4 指导级	1. 常态化组织跨区域 / 跨专业设备安全对标分析，提炼行业最佳安全实践，形成"主动安全"文化； 2. 主动学习、吸纳新技术、新设备进入班组日常工作，完成新技术设备安全性测试，形成使用规范，提升工作效率； 3. 推动安全管理制度优化并取得预期成效

（2）能力提升可用资源。

1）规章制度类：见表 2-3。

表 2-3 规章制度类资源

国家法律法规	1.《中华人民共和国电力法（修订版）》2018 年 12 月 29 日； 2.《中华人民共和国安全生产法》2021 年 6 月 10 日； 3.《国网严重违章 35 条》2024 年 8 月 19 日
行业标准	1.《国家电网公司电力安全工作规程》2024 年 2 月； 2.《电力生产事故调查规程》2015 年 3 月

公司标准及规程规定	1. 国网安全生产作业规程 2024 年 2 月； 2.《国家电网有限公司境外业务安全生产监督管理办法》2024 年； 3.《国家电网有限公司审计数据管理办法》2025 年

2）培训课程类：见表 2-4。

表 2-4　　　　　　　　　　培训课程类资源

内部课程	i 国网一国网学堂： 1.《学习习近平总书记关于安全生产的重要论述铸牢安全防线》国网宁夏电力有限公司，2024 年 9 月 9 日； 2.《防范化解公共安全领域重大风险》国网培训中心，2024 年 8 月 22 日； 3.《安全生产典型违章宣贯学习》国网新源集团有限公司，2024 年 8 月 14 日； 4.《业扩报装＋营销安全事故案例分析》国家电网公司，2024 年 8 月 13 日； 5.《网络信息安全》国网培训中心，2024 年 7 月 16 日
外部课程	1. 浙电安全学习平台—微信小程序； 2. 知了电力—微信小程序； 3. 电力安全警示教育片十不干—bilibili； 4. 电力工程安全生产标准化管理—bilibili； 5. 天翼无人机电力巡检课程—bilibili； 6. 无人机电力巡检—35kV 线路精细化巡检—bilibili； 7. 无人机智能巡检在变电站巡视中的应用—bilibili

3）书籍教材类：见表 2-5。

表 2-5　　　　　　　　　　书籍教材类资源

L1 入门级	1.《电力安全工作规程》（DL/T　408—2023）； 2.《电网企业安全生产系列口袋书》中国电力出版社； 3.《电力安全工器具使用手册》中国电力出版社
L2 应用级	1.《电力设施保护条例及实施细则》； 2.《供电营业规则》
L3 拓展级	1.《智能电网用电技术》中国电力出版社； 2.《电力安全生产及防护》朱鹏，北京理工大学出版社
L4 指导级	1.《电力安全事故分析原理与案例分析》廖思哲，暨南大学出版社； 2.《电力系统安全管理必读》杨剑、胡俊睿，化学工业出版社； 3.《电力系统控制与稳定》王奔，电子工业出版社

4）工具方法类。

工具一　安全培训资料与课程

a. **工具定义**：包括安全操作规程、事故案例分析、应急演练方案等，用于提升员工的安全意识和应急处理能力。

b. **工具适用范围（使用场景）**：安全培训资料与课程适用于全体员工，特别是新入职员工和一线作业人员，通过定期培训和考核，提升员工的安全意识和技能水平。

c. **工具应用步骤**：

安全培训资料与课程的应用：

步骤一：班组长应根据员工实际情况和安全需求，制定培训计划，选择合适的培训资料和课程。

步骤二：定期组织安全培训，邀请专业讲师或内部经验丰富的员工授课，确保培训效果。

步骤三：通过考试、实操考核等方式检验培训成果，对不合格的员工进行再次培训或调整岗位。

工具二　标准化作业指导书与标准作业卡

a. **工具定义**：将安全操作规程、作业步骤、危险点提示等标准化，确保作业过程的安全可控。

b. **工具适用范围（使用场景）**：标准化作业指导书与标准作业卡适用于所有电力作业流程，通过标准化作业减少人为错误，降低安全风险。

c. **工具应用步骤**：

标准化作业指导书与标准作业卡的应用：

步骤一：班组长应组织编写或修订标准化作业指导书和标准作业卡，确保其符合实际作业需求和安全要求。

步骤二：在作业前，组织员工进行培训和学习，确保员工掌握作业流程和危险点提示。

步骤三：在作业过程中，班组长应监督员工按照标准作业卡执行作业，确保作业过程的安全可控。

3. 典型案例

案例一　筑牢防线：应对外破的策略与实践

【案例背景】

2024 年 4 月，110kV1234 线保护动作，断路器跳闸，重合失败，故障相别 A 相，故障点位于 23 号杆塔附近，经雷电定位系统查询现场无雷，根据天气、跳闸时间、线路所处地理环境及运行经验初步判断为外力破坏事件。经现场运维人员巡视，发现

1234 线 24 号塔大号侧附近有临时吊机施工，经无人机巡视发现 24~25 号导线有明显放电点，判断为临时吊机违章作业引起线路跳闸。属地供电公司立即向当地公安局报案，经公安人员调查、取证，施工负责人承认该场地内吊车作业时未考虑与电力线路安全距离，在作业过程中碰触导线导致线路跳闸，涉事吊机驾驶员、吊机负责人已被拘留审讯。经现场勘查，外破事件造成 1234 线 23 号塔 1 片绝缘子破损，于当日完成全部抢修工作，线路恢复正常运行。

【问题／挑战】

近年来因市政施工、砍伐树木等造成电力设备遭到破坏的事件时有发生。仅 2023 年该市就发生 45 起因外力破坏导致的故障发生，造成 400 多个时户数损失，对提升供电可靠率，确保电力线路和设备的安全性、可靠性和稳定性，保障人民生活生产用电需求，打造山区生态能源互联网建设示范窗口提出了严峻的考验。

【行动／措施】

为最大限度地减少外破对电网的影响，通过事前管控、事中管控和事后处置相结合，实现外破次数大幅下降。通过整理总结该公司近年来的各个外破故障起因及后续的处置情况，对事前管控、事中管控和事后处置进行清单化改造，提炼防外破关键节点，形成"防外破事前管控清单""防外破事中管控清单""防外破事后管控清单"，有效减少外破次数，提升电网运维效率和用户获得电力水平。

（一）"防外破事前管控清单"

（1）制定外破风险等级及针对性预防措施。根据项目规模和风险将其分为三级风险、二级风险、一级风险，针对不同等级，采取加强巡视、布置声光告警装置、安装布控球、下发隐患通知书等措施。

（2）收集市政项目清单，提前与施工方对接，告知风险点，并整理出可能遭受外破的线路清单。主动与园区相关部门、单位收集有关近期开工的市政项目信息，根据项目清单内工程时间节点开展外破管控前期准备，包括提前告知施工方地下电缆路径、安全施工距离等。

（二）"防外破事中管控清单"

（1）加强巡视及留底工作。根据风险等级定期开展巡视，对巡视过程进行详细记录，包括照片、视频、巡视报告和隐患问题记录，有助于事后责任认定与约谈处罚。

（2）加强隐患管理。对目前已知的外破隐患点位，在日常巡视次数中增加巡视频率。检查已知的施工外破隐患点，确保得到妥善处理或控制。对于临近线路施工关键时期或外破风险高发时刻，须安排人员或布控球进行现场监视，防止外破事件发生。若有新的隐患点出现，需及时记录并采取措施。

（3）加装可视化设备。根据项目施工规划路线与电力设备的距离，合理布置可视化设备，使其覆盖施工现场或可能受到损坏的电力设备区域。有助于实时监测电力设备的安全状况，以及预防可能出现的风险和问题。

（4）加强与施工队的对接。加强与项目现场负责人、挖机驾驶员对接工作，强调施工外破隐患点，强化外破情况认知，提高保护电力设备认识。巡视后与需施工方进行沟通，就巡视结果提出建议，确保施工方知晓隐患问题并采取预防措施。

（5）设置应急预案，明确双方第一联系人，确定负荷转供、外破故障隔离方式等。

（三）"防外破事后管控清单"

（1）紧急响应与处置。当外破事件发生后，立即上报运检部，同时联系相关单位，开展应急保电及抢修工作。到达现场后，及时进行照片、视频等材料留底，在保证人身安全的前提下尽快恢复电力线路正常运行。

（2）事故报告与分析。根据前期巡视留底材料与故障点现场照片等撰写事故分析报告，在报告中明确列出已确定的责任方。分析事件发生后的风险和潜在威胁，降低类似事件再次发生的可能性。列出已经采取或计划采取的应对措施，以防止类似事件再次发生。

（3）责任认定与追究。积极推进落实电力、公安、乡镇（街道）等部门参与的电力外破事件联合处置模式。在发生野蛮施工破坏电力电缆线路等电力外破事件后，联合属地派出所、乡镇街道对肇事者启动约谈处罚，并在相应的联动工作群、村级微信群进行警示通报。

【案例结果】

通过对防外破事前管控、事中管控和事后处置清单化管控，明确了防外破各阶段的管控要点，有效减少外破发生的次数，提升电网供电水平，自2024年开展以来，面对各类施工的黄金期，该公司有效规避了多次潜在的外力破坏，外破事故同比压降80%。

【案例经验】

在防外破的实践中，根据各单位人员区域发展的不同，存在细节上的差异，但整个处置的核心流程是一致的，扎实开展防外破事前管控、事中管控各项措施，可以有效降低各类外破事故发生的概率。因此，该案例适用于基层班组的管理，理论融合、逻辑缜密、易于实践。

案例二　做好保障，守护安全

【案例背景】

李某是电力公司配电运维班的一位经验丰富、责任心强的班组长，该班组人员紧张、人员结构不合理，新老员工占比较多。一天，班组接到了一项紧急任务，需要对一座老旧变电站进行设备更换和升级。

【问题／挑战】

据了解，这座变电站由于年代久远，存在诸多安全隐患，之前已经发生过几起小事故，并且本次任务时间紧、任务重。面对这样的挑战，李某没有丝毫犹豫，立马答应下来。

【行动／措施】

李某立即组织班组成员进行安全培训和任务分配。在培训中，李某不仅讲解了技术操作要点，还着重强调了安全规范和应急处理措施。他要求每个成员都必须熟练掌握安全操作规程，并在实际操作中严格遵守。同时，他还根据变电站的具体情况，制定了详细的安全预案，确保在紧急情况下能够迅速、有效地应对。任务分配方面，李某坚持以老带新，充分发挥老员工的安全生产经验和技术能力，发挥新员工的积极和好学，在充分保障安全的前提下，加快工作进度。李某始终坚守在现场，亲自监督每一个环节的安全执行。他时刻关注着班组成员的操作动态，一旦发现有不安全的行为或隐患，立即进行纠正和提醒。在他的严格管理下，班组成员都保持了高度的安全警惕性，严格按照规程进行操作。

【案例结果】

在他的带领下，配电运维班顺利完成了该座老旧变电站设备更换和升级的重大紧急任务。李某深知，电力工作不仅技术性强，更关乎安全，任何疏忽都可能带来不可估量的后果，在他的带领下，班组的安全管理水平不断提升，成为公司内的标杆。而李某也因其出色的安全管理能力和责任心，赢得了班组成员和公司领导的广泛赞誉。

【案例经验】

（1）安全培训：每个成员都必须熟练掌握安全操作规程，并在实际操作中严格遵守。

（2）任务分配：坚持以老带新，将劣势转化为优势，增强全员的安全意识。

（3）监督执行：树立起"我是自身安全第一责任人"的理念，确保现场工作各个环节都有明白人、操心人，亲自布置或审核现场施工各环节安全措施，并积极参与现场安全检查。

（二）"技能本领"能力要素提升策略

1. 行为表现

"技能本领"能力要素各级别行为表现要求见表2-6。

表 2-6　　　　　"技能本领"能力要素各级别行为表现要求

L1 入门级	1. 精通专业核心知识与技能，形成个人标准化操作方案并参与班组基础作业标准制定和迭代； 2. 基于核心技能实践，主导作业流程改进并推动验证落地

续表

分级	
L2 应用级	1. 具备独立攻坚复杂专业任务的能力，高效解决非常规技术问题； 2. 主动拓展跨专业知识边界，具备跨领域、跨班组协同作业能力
L3 拓展级	1. 统筹班组资源开展高难度技术攻关，解决专业领域瓶颈问题； 2. 主导编制企业级专业作业标准文件，推动班组作业标准化覆盖率提升； 3. 前瞻性跟踪行业技术发展动态，牵头开展内部技术预研与知识体系迭代升级
L4 指导级	1. 构建深度与广度融合的专业知识体系，结合实践优化作业方法论并形成技术成果； 2. 主导或深度参与企业/行业技术标准制定、专业技能评级体系建设； 3. 通过系统化带教机制培育班组高技能人才梯队，形成可复制的技能传承与团队赋能模式

2. 工具方法

（1）能力要素提升任务：见表2-7。

表2-7　　　　　　　"技能本领"能力要素提升任务

分级	提升任务
L1 入门级	1. 深化岗位核心技能学习，完成核心技能认证并驱动操作痛点系统性梳理； 2. 主动参与作业标准优化，输出流程改进方向的建设性建议； 3. 搭建个人技能复盘机制，形成岗位操作优化方案框架
L2 应用级	1. 主导复杂专业任务，独立输出解决方案并推动闭环落地； 2. 系统性拓展跨专业知识边界，构建跨领域协同作业能力框架； 3. 深度参与跨部门协作项目，主导任务全流程推进与成果沉淀
L3 拓展级	1. 牵头技术攻关项目，破解专业领域技术瓶颈并形成改进范式； 2. 主导专业标准文件编制，推动内部评审与标准化发布； 3. 持续跟踪技术发展动态，输出趋势分析报告支撑实践决策
L4 指导级	1. 深度学习专业知识，学习知识体系搭建方法，结合班组经验，形成可复用的技术方法论与案例库； 2. 积极参与行业或企业标准制定，输出关键建设性意见与方案草案； 3. 以身作则，建立系统化带教机制，为公司技能传承与人才孵化赋能

（2）能力提升可用资源。

1）规章制度类：见表2-8。

表 2-8 规章制度类资源

国家法律法规	1.《中华人民共和国电力法》； 2.《电力监管条例》； 3.《电力供应与使用条例》； 4.《电力设施保护条例》； 5.《中华人民共和国安全生产法》
行业标准	1.《电力安全工作规程》； 2.《电力市场运行基本规则》； 3.《供电营业规则》； 4.《电能质量管理办法（暂行）》； 5.《电力生产事故调查规程》
公司标准及规程规定	1.《供电服务调度业务指导手册》； 2.《电网企业一线员工作业一本通供电服务指挥系统》； 3.《供电服务指挥中心（配网调控中心）业务知识 365 问（2019 年版）》； 4.《国家电网有限公司 95598 客户服务业务管理办法》

2）培训课程类：见表 2-9。

表 2-9 培训课程类资源

内部课程	国网学堂各专业相关技能视频
外部课程	1.《电力系统自动化》等—中国大学 MOOC（慕课）； 2.《电力储能技术概述与应用》等—北极星电力网； 3.《电路的基本概念》等—电工学网； 4.《电力"标准化良好行为企业"评价专家管理办法》等—中国电力企业网； 5.《"双碳"目标下的低压智能配电台区应用设计》等—EPTC 电力学堂； 6.《我国"双碳"战略及路径的思考》等—中国电力知库； 7.《电力工业发展现状与展望》等—能源界

3）书籍教材类：见表 2-10。

表 2-10 书籍教材类资源

L1 入门级	1.《能源互联网基础》张晶等，中国电力出版社； 2.《电力系统及其自动化》张园园等，中国电力出版社； 3.《新型电力系统导论》舒印彪，中国科学技术出版社； 4.《电力系统远动及调度自动化》张明光，中国电力出版社； 5.《电力通信规约》李振甲刘建英，北京理工大学出版社

L2 应用级	1.《地市供电企业数字化班组建设》郑怀华，中国电力出版社； 2.《电力变压器典型故障案例分析》郭红兵，中国水利水电出版社； 3.《新型电力系统城市实践》赵亮，中国电力出版社； 4.《大规模新能源并网规划》曾平良，鲁宗相等，中国电力出版社； 5.《智能变电站二次系统运行与维护》刘宏新，中国电力出版社
L3 拓展级	1.《"双碳"目标下新型电力系统技术与实践》周勤勇，机械工业出版社； 2.《新质生产力》盖凯程，中国社科出版社； 3.《"双碳"目标下我国能源结构调整与绿色能源发展研究》曾胜、靳景玉、张明龙，经济科学出版社
L4 指导级	1.《电力系统继电保护实操》冯照发中国电力出版社； 2.《变电检修工技能鉴定》中国电力出版社； 3.《电气试验工技能鉴定》中国电力出版社； 4.《继电保护工技能鉴定》中国电力出版社

4）工具方法类。

工具 MATLAB/simulink 电力系统建模与仿真

a. 工具定义：MATLAB/Simulink 在电力系统建模与仿真中的适用范围非常广泛，几乎涵盖了电力系统分析、设计、优化和运行控制的各个方面。

b. 工具适用范围（使用场景）：

①电力系统元件建模：同步发电机、异步发电机、变压器、输电线路等元件的电气特性建模；考虑元件的非线性、饱和效应等复杂特性。

②网络建模与仿真：根据电力系统的实际拓扑结构，建立包含节点、支路等元素的网络模型；设定各元素的电气参数，如电压等级、功率因数等。

③故障模拟与分析：模拟短路、开路等不同类型的故障，分析故障对系统的影响。

评估系统的故障恢复能力和稳定性。

④稳定性分析：暂态过程建模，包括电磁暂态和机电暂态分析；评估系统在受到扰动后的动态行为，确保系统的稳定运行。

⑤控制系统设计与优化：建立励磁控制、调速控制等控制系统模型；通过仿真分析优化控制策略，提高系统的稳定性和鲁棒性。

⑥经济调度与电压控制：实现发电机的经济调度，降低系统运行成本；分析电压分布和无功流动情况，制定合理的自动电压控制策略。

⑦新技术与设备验证：对新能源发电技术（如风力发电、太阳能发电）进行建模与

仿真；验证 FACTS 装置、储能系统等新技术在电力系统中的应用效果。

c. 工具应用步骤

①明确建模目标：确定需要模拟的电力系统场景、关注的性能指标和需要解决的问题。

②收集数据与信息：获取电力系统的拓扑结构、元件参数、运行条件等相关数据。

③建立模型：在 Simulink 中搭建电力系统模型，包括各元件的模型和网络拓扑结构；配置模型的参数，如电压等级、功率因数等。

④仿真设置：选择合适的仿真算法和求解器；设置仿真时间、步长等参数。

⑤运行仿真：在 Simulink 中启动仿真，观察电力系统的动态行为；记录关键参数的变化情况，如电压、电流、功率等。

⑥结果分析：分析仿真结果，评估系统的性能和行为；根据仿真结果对系统进行优化和改进。

⑦报告与文档：编写仿真报告，总结仿真过程、结果和分析结论；整理仿真数据和图表，形成完整的文档资料。

3. 典型案例

案例一　与时俱进提升配电自动化专业知识和技能水平

【案例背景】

随着电力系统配网自动化的全面升级和大力发展，智能开关、"三遥"开关、DTU、TTU 等配网自动化设备大量地取代原有的普通开关、普通开闭所、普通公用变压器（简称公变）终端等，班组成员开始了从操作使用传统的普通设备到操作使用新型的配网自动化设备的转变，从传统的依照经验研判故障区域转型到依靠新型自动化设备和经验综合研判故障区域的转变。

【问题/挑战】

班组成员新知识新设备的接受能力参差不齐，对配网自动化设备的操作方法、注意事项及故障研判原理不是很理解。在实际应用过程中，某些班组成员操作不当或者对配网自动化设备的故障研判信息不理解，反而在日常工作中变得束手束脚，没有起到提升效率的作用。班组长需要帮助班组成员尽快熟悉配网自动化设备，提高安全生产可靠性，提升工作效率。

【行动/措施】

1. 需求分析

班组长对班组成员目前的操作技能进行摸底，了解大家对自动化设备的熟悉程度及在使用过程中遇到的困难。

2. 课程设计

班组长向自动化专职、制造厂商及其他有相关技能水平的同事搜集自动化设备的操作原理、技术文档，根据班组成员的实际情况列出课程大纲，整理出课程资料。

3. 理论讲解

利用午休时间或夜学时间，组织班组成员上课培训，详细说明自动化设备的核心技术及原理，包括遥测、遥控、遥信等功能的实现机制，以及它们如何协同工作来保证电网的安全稳定运行。列举了各类故障发生时，自动化设备的故障信号是怎样的，故障研判是如何做出的；同时，也介绍了自动化设备故障时的各类信号显示，以及部分简单故障该如何排查解决。

4. 实践操作

带领班组成员前往仓库，对在库的自动化设备进行现场实操指导，让每个人都亲自上手练习，确保每个人都能独立完成基本操作任务。

5. 考核与反馈

安排一个小型考试，包括理论知识测试和实际操作考核两部分。理论知识部分主要考察是否掌握配网自动化必备的知识体系；实操考核部分考察班员能否结合自动化动作情况，独立完成故障范围研判，在对应系统完成数据查询等。同时鼓励班组成员分享他们的感受和建议，并询问是否还有其他疑难困惑需要解决。

6. 持续学习与支持

鉴于自动化技术的快速发展，定期将更新的知识体系及时在班组群里和大家分享，适应新的变化。注重理论转换实践，根据自身运维线路的自动化覆盖情况，提出对应的自动化提升方案。

【案例结果】

通过这一套系统化的培训方案，班组成员基本全员掌握了配网自动化设备的相关知识，增强了班组凝聚力，提升了班组成员信心的同时也大大提升了日常工作效率，提高了供电可靠性。

【案例经验】

技能提升五部曲：

（1）精准定位需求：通过对班组成员现状的细致调查，明确培训重点方向。

（2）精心设计课程：结合班组成员需求，针对性地开展培训，制定包含理论讲解、实操应用等多元化课程体系。

（3）深入浅出讲解：根据实际工作需要，而不是科研学习的要求，通俗易懂地让班组成员掌握相关知识，并能在工作中应用。

（4）强化实践应用：通过现场演示和操作，加强理论与实践的联系，提高班组成员的操作能力。

（5）注重反馈改进：建立有效的反馈机制和后续持续更新的知识体系，逐步提升班组成员的知识技能水平。

案例二　多维度提升台区线损治理水平

【案例背景】

2024年3月，某公司城供中心组织线损专班开展台区线损攻坚行动，选取其中一个长期疑难台区进行排查分析。其中A公变台区，系统中长期非经济运行，根据系统中数据分析情况，在核实户变关系一致和采集完好的情况下，专项小组认为台区现场存在无表用电及窃电行为。按照这个排查思路，专项小组在现场排查时发现该台区现场共存在3处广电设备无表用电，对台区线损率产生了一定影响。除此之外，专项小组在排查用户电表时发现，线路末端用户李某绕越计量装置窃电，在表前接线至家中用电，是造成台区线损异常的主要原因。在对用户进行批评教育及安全用电的宣传之后，专项小组对其窃电行为进行了现场整改，并予以900元的处罚。

【问题/挑战】

台区线损治理过程中时常面临任务多、耗时长、环节复杂等多方面难题，需要线损管理人员有强大的责任心，具备良好的专业知识，与各专业协同配合，从技术和管理两方面着手，致力线损全过程闭环管理，实现企业"降本增效"。

【行动/措施】

（1）梳理线损管理工作流程，建立专项考核评价体系。年初，对线损管理制度和工作流程进行了梳理优化，建立精准降损专班，配置专（兼）职线损管理员，形成自上而下的管理网络；开展高损排查、数据治理以及降损研究，上下联动合力整治高损；同时建立线损管理责任制，落实降损专项考核奖励，实现线损的常态化管理。

（2）加强用电检查、营业普查及计量装置的定检、轮换管理，降低偷漏电、违约用电、计量差错对线损造成的影响。加大对用电检查（稽查）和营业普查执行情况的监管力度，开展高低压用户超容治理、无表户治理、反窃查违专项行动，要求重点对线损异常的台区进行实地检查，有效消除部分造成线损异常的因素。按规定执行计量装置的定检轮换，提高表底数据完整率，尽可能降低计量误差对线损造成的影响。完成无表用电计量安装19户，查处违约、窃电用户7户，总计收取违约费用4.52万元。

（3）严格问题处理时限要求，做好精准帮扶管控。及时消除造成线损异常的因素。加强对线损异常处理时限性的要求，要求每月上报线损分析时要一并说明本月线路线损异常的原因和上月异常处理的结果，务必确保发现的问题要在一个月内得到处理。同时，针对供电所线损管理短板，某区供电中心将统一进行协调，各网格实行"一对一"帮扶，每月"一线一台区"诊断分析，解决线损管理瓶颈。

（4）加强基础参数治理，完成中低压图数治理。以网格经理、设备主人为责任主体，由点及面开展数据质量提升行动，通过理论计算结果反向校核源端数据，确保基础参数和拓扑关系准确率双百。完成10kV线路图数治理7条，484个低压台区图数治理。

（5）加强无功补偿管理和调荷避峰管理，提高供电质量，降低压降线损。开展配电线路无功补偿改造和客户无功补偿装置安装及投运的管理，使线路的功率因数大多被控制在合理范围内，为线损率的下降起到一定的作用。此外，市场营销部还指导开展了调荷避峰工作，帮助用户选取合适的变压器并进行错峰用电，降低线路用电压力，提高供电质量，从而使得线路压降更加合理，线损率实现下降。

（6）开展三相不平衡治理。运用"423"靶向治理法，通过台区、用户电量曲线比对，靶向定位关键用户实施调相。增量用户实行先计算后施工，从"源头"实现平衡。累计消除三相不平衡台区10个。

（7）实施精准降损改造。针对长期重高损线路（台区）进行综合分析，找到症结所在，制定"一线（台）一策"清单，实行销号管理。提高节能型配电变压器（简称配变）配置率至80.09%，完成重过载配变治理10台；结合110kVA变投运完成某区线路切割改造，B变新出18条电缆线路，优化负荷分配情况；结合祭祀活动，同步实现多条支线入地改造，在提高可靠性的同时优化中压线路线径，完成低压老旧线路优化改造。

（8）创新线损治理工具。研发基于分段计量的台区线损核查辅助工具，通过对低压线路各回路数据进行监测、比对回路下用户电量，精准定位台区线损故障。

【案例结果】

从降损成效来看，该区供中心0.4kV线损率降至1.41%，同比下降0.2个百分点；低损台区占比98.63%，同比上升4.77个百分点。

从经济成效来看，该区城供中心共完成窃电查处总额1.45万元，违约用电查处总额3.07万元。

2023年以来，该城区供电中心2~11月连续10次入选同期线损百强供电所。

【案例经验】

线损管理是供电企业的一项重要管理，也是公司降损增效的根本途径，线损治理更是一项长期性的工作。该城区供电中心从建立健全线损管理的三大体系即管理体系、技术体系、保证体系出发，坚持以"技术线损最优，管理线损最小"为目标，在机制健全、管理规范、指标优异、帮扶引领、创新突破五个方面，充分利用调控、运检、营销等系统数据资源，攻坚线损管理，聚力挖潜增效。

（三）"政策落实"能力要素提升策略

1. 行为表现

"政策落实"能力要素各级别行为表现要求见表 2-11。

表 2-11　　　　　　"政策落实"能力要素各级别行为表现要求

L1 入门级	1. 对专业相关规章制度、政策文件有初步的理解； 2. 基本领会上级部门发布制度文件、政策文件精神； 3. 按照政策要求，组织班组开展初步的执行工作，确保政策在班组内得到初步落实
L2 应用级	1. 能够主动学习领会并全面掌握专业相关规章制度、政策文件，深入理解政策内涵； 2. 能够结合班组工作实际需求，将政策与具体任务相结合，制定切实可行的工作计划和措施
L3 拓展级	1. 能够随时跟踪政策执行情况，根据实际情况进行调整和优化； 2. 在遵循政策精神的前提下，勇于尝试新的执行方法和策略，提高政策落实的效率和质量； 3. 能够预见执行过程中可能出现的风险和挑战，并制定相应的应对措施
L4 指导级	1. 能够及时向班组成员传达政策的内容和要求，确保班组成员理解，促进班员主动领会学习； 2. 具备高度的战略思维和前瞻性，能够站在全局的角度审视政策对部门乃至整个组织的影响； 3. 将政策精神融入班组文化，通过文化建设推动政策落实的深入和持久

2. 工具方法

（1）能力要素提升任务：见表 2-12。

表 2-12　　　　　　　"政策落实"能力要素提升任务

分级	提升任务	
L1 入门级	1. 每月学习专业相关政策文件不少于一份； 2. 在班组例会上开展一次以上政策文件宣贯	
L2 应用级	1. 完成政策文件解读，提交学习报告； 2. 结合班组工作实际需求，将政策文件与具体班组工作任务相结合，制定切实可行的工作计划和措施； 3. 带动班组全体班员主动领会学习政策文件	

续表

分级	提升任务
L3 拓展级	1. 跟踪政策在班组的执行情况，根据实际情况进行调整和优化； 2. 预见政策执行过程中可能出现的风险和挑战，并编制政策落地风险预案，明确解决措施
L4 指导级	1. 站在全局的角度审视政策文件对班组乃至整个公司的影响，提出合理化建议； 2. 将政策精神融入班组文化，通过文化建设推动政策落实的深入和持久

（2）能力提升可用资源。

1）规章制度类：见表 2-13。

表 2-13　　　　　　　　　规章制度类资源

国家法律法规	《中华人民共和国电力法》
行业标准	1.《供电营业规则》2024 年第 14 号令 – 国家发展和改革委员会； 2.《国务院办公厅转发国家发展改革委等部门关于清理规范城镇供水供电供气供暖行业收费促进行业高质量发展意见的通知》（国办函〔2020〕129 号）
公司标准 及规程规定	国网公司、省市公司下发的各项规章制度，如： 1.《国家电网有限公司技术标准管理办法》； 2.《国家电网有限公司直流工程建设管理工作规则（试行）》； 3.《国家电网有限公司特高压工程建设项目管理办法》； 4.《国网浙江省电力公司班组建设管理办法》

2）培训课程类：见表 2-14。

表 2-14　　　　　　　　　培训课程类资源

内部课程	1. 国网学堂 –《数字经济发展趋势与政策解读》； 2. 国网学堂 –《代理购电相关政策解读》； 3. 国网学堂 –《最新印花税政策解读》； 4. 国网学堂 –《电力体制改革政策解读》； 5. 国网学堂 –《电网规划投资管理政策解读》； 6. 国网学堂 –《职业素养与执行力提升》
外部课程	1. 如何拥有"圣人"般，恐怖的行动力，如利剑般执行！； 2. 职场人：个人执行力，先认知后打造！； 3. 全国统一大市场之电力改革—bilibili； 4. 电力系统新型储能政策分析—bilibili； 5. 电力市场改革大讲堂（浙江）—bilibili

3）书籍教材类：见表 2-15。

表 2-15　　　　　　　　　　　书籍教材类资源

L1 入门级	1.《读懂政策》胡森林孙国徽等，中国民主法制出版社； 2.《习惯的力量》查尔斯·杜希格，中信出版社
L2 应用级	《做具有卓越执行力的年轻干部》刘玉瑛，北京联合出版社
L3 拓展级	1.《实战执行力》连云尧，鹭江出版社； 2.《赢在执行——时代光华培训大师系列》余世维，中国社会科学出版社
L4 指导级	1.《孙子兵法》孙武； 2.《赢在责任心，胜在执行力》马玉峰黄雨菲，中国商业出版社

4）工具方法类。

工具　史密斯政策执行模型（过程模型）

a. **工具的定义**：由政治学家戴维·史密斯（DavidO. Smith）于 1973 年提出，主要用于解释政策制定与实施之间的关系。

b. **工具适用范围（使用场景）**：在政治学、社会学、经济学和公共管理等领域广泛应用，帮助研究人员和政策制定者分析政策执行的效果和影响。

c. **工具应用步骤**：

①明确政策目标与内容：深入理解政策制定的初衷、目标和具体内容，确保对政策有全面而准确的认识。

②分析政策背景与环境：考察政策所处的政治、经济、社会和文化环境，识别可能影响政策执行的因素。

③组建执行团队：选拔具备专业知识和执行能力的团队成员，确保执行机构具备完善的组织结构和人员配置。

④制定传达策略：设计有效的政策传达方案，包括政策解读、宣传、宣告等方式，确保政策内容能够准确、及时地传递给执行者和目标群体。

⑤开展培训与教育：对执行人员进行政策培训，提高其对政策的理解和执行力；同时，对目标群体进行政策宣传和教育，增强其对政策的接受度和配合度。

⑥制定实施计划：根据政策目标和内容，制定详细的实施计划，明确时间节点、责任分工和具体措施。

⑦建立监控机制：建立政策执行的监控和追踪机制，通过定期评估、反馈和调整，确保政策按照既定计划顺利推进。

⑧处理执行中的问题：在政策执行过程中，及时识别和处理可能出现的问题和挑

战，确保政策执行的连续性和稳定性。

⑨开展效能评估：对政策执行的效果和成效进行定期评估，通过收集和分析数据，了解政策实施的实际效果和影响。

⑩总结经验教训：总结政策执行过程中的经验和教训，提炼成功因素和失败原因，为未来的政策制定和执行提供参考。

⑪反馈与调整：根据评估结果和反馈意见，及时调整政策执行策略和措施，确保政策目标的实现和持续改进。

⑫关注环境变化：持续关注政策执行环境的变化，包括政治、经济、社会和文化等方面的变化，以便及时调整政策执行策略。

⑬推动政策创新：在政策执行过程中，鼓励创新思维和实践探索，推动政策不断完善和优化。

⑭加强沟通与协作：加强与政策制定者、执行者、目标群体及社会各界的沟通与协作，形成政策执行的合力。

3. 典型案例

案例一　供电所业务一站式管控

【案例背景】

某供电所辖区内存在 10kV 线路 67 条，配电变压器 1421 台，承担全县 60% 的工业用电量，是工业重镇。受体量影响，其在全市供电所同业对标排名中长期处于吊车尾状态，不少指标处于失管漏管的状态，很多指标的细节管控不到位。针对此种情况，该供电所以"管控室"为纽带，构建起供电所一站式管理的业务指挥体系，并逐步把科技化数字化的手段融入日常管理工作，打造具备新质生产力的新型数智化供电所，持续让"最小单元"释放"最大效能"，由点拓面推动县级供电企业运营管理转段升级。

【问题/挑战】

（1）供电所业务点多面广，如何构建一个适应供电所自身体系的运营管控模式；

（2）该供电所面临人员退多补少的问题，管控室人员的挑选和素质培养提升需要进行思考。

【行动/措施】

（1）一站式集成管控，全方面重塑运营体系。坚持把体系建设作为班组建设转段的落脚点和发力点，供电所业务"上面千条线，下面一根针"，通过管控室来梳理各项业务，融合上级部门的各项管理要求，形成"三明晰"的标准化运营模式，让供电所完成"单兵—团体—体系"的提升。首先是业务明晰，在供电所层面不只是管指标数据，还要还原到具体工作，采取"质效优先，同类合并"原则，把目前供电所对接的 5 大专业、15 个系统、16 类大项指标统一纳入管控室，让所内业务量、业务内容，"集中分配，统一管理"。其次是流程明晰，固化如故障抢修、属地话务等业务全过程标准规范，把原来简单的结果论变成业务的全过程管控。最后是责任明晰，强化环节把控，责任到人，让每一项关键指标，都有专人监控；让每一个客户诉求，都能及时回应；让每一项工作任务，都能落实到人。

为解决销户用户遗留的隐患问题，市公司要求销户用户"应拆必拆、表线同拆、不留隐患"。对这个要求做梳理发现：业务流程上涉及营销、PMS、供服、安全域 4 个系统，同时现场施工上涉及计量、线路、用户产权三波施工人员，业务环节多、涉及面广，所以把这项业务纳入管控室管理。这样做可以明确各环节责任人，同时由管控人员统筹协调并监督全过程，确保流程、计划、双方产权设备施工同步安排。从几个月的运行结果来看，效果还是不错的。

（2）项目化管理驱动，系统性夯实运营基础。基础工作是公司跨越式高质量发展的厚实保障，基础一直是该供电所的弱项，所以在管控室建立之初就坚持问题导向、清单管控的方式，并以系统数据＋现场经验相结合的方式，逐步构建了基于管控室"规建运"一体化管理的项目化流程。

例如：针对供电所的高故障线路 71 线，近 3 年受雷击故障 8 次（其中断线 3 次），说明这里地处落雷高发区域，通过雷电定位系统，可以更精准地分析落雷的区域，管控室与设备主人共同选取新路径时要避开落雷区域。

（3）统筹化人力配置，多维度激发运营效能。人才是企业发展的第一资源，班员是推动班组建设最核心的力量。当下，基础供电所面临着人员"退多补少"的问题，更多的是面临人"又多又少"的问题，解决好"人"的问题已成为驱动发展的关键。公司以"生产能力建设和生产意愿提升"两大重点工作，激发基层"源头活水"。

1）生产能力建设，组建供电所技能人才库，并通过以干代练推动核心业务自主实施；推动驾驶员有序转岗，进一步健全工器具配置，特别是电动工器具的配置。

2）生产意愿提升，依托管控室实现工作量化评价，构建基于"基础职责、工作量、工作质量、综合评价"四个维度的积分考核制，积分直接与工资挂钩，通过"面子"和"里子"共同刺激员工，给"低分"的人做"加法"，逐渐实现人员"不多不少"。

【案例结果】

依托管控室的运营，供电所在多而杂的工作中做到了"思路清、成效好"，各项指标稳步提升。2024 年供电所同业对标综合排名第 8，较上年提升 28 名；大中型供电所排名第 3，较上年提升 12 名，从全市末位走向"中上游"，实现自身从"跟跑"到"领跑"的超越。

【案例经验】

该供电所将持续深化管控室应用，依托管控大脑的功能，实现基层真正的减负增效。

案例二　新规落地，安全启航：一次基层班组的转变与成长

【案例背景】

为了进一步加强安全生产管理，防范和减少生产安全事故，特别是重特大事故的发生，国家电网有限公司根据国家相关法律法规和安全生产要求，结合公司实际情况，对原有的严重违章条款进行了优化调整。此次调整遵循"聚焦人身、精减数量、加重处罚"的原则，旨在突出查纠人身事故同因违章，提高安全生产管理水平，最终形成35条严重违章条款，规范作业行为。

【问题/挑战】

（1）基层班员认知不足：部分员工可能对严重违章行为的严重性和后果认识不足，导致在实际工作中忽视相关规定。

（2）基层执行难度大：基层单位在执行过程中可能面临现场环境复杂、作业任务繁重等挑战，导致难以严格按照规定执行。

【行动/措施】

作为基层供电所班组长的小李深知安全生产的重要性，特别是面对国家电网有限公司新发布的严重违章35条，他深知这不仅是一纸规定，更是保障每位员工生命安全和企业稳定运行的基石。于是，小李决定采取一系列创新而实用的措施，确保这些新规能在班组内真正落地生根，做到人人了解、人人遵守。但同时他深知，要让班组内这些在电力一线摸爬滚打多年的老员工们迅速接受并重视起新版的严重违章35条，并非易事。特别是班组里几位经验丰富的老师傅，他们凭借多年的工作经验，往往对"纸上谈兵"的新规持保留态度。小李首先找到了安全员，结合公司下发学习资料，两人细致学习理解了35条严重违章内容，并将其中与配网运检密切关联的条款摘出来，结合班组日常工作，对于可能涉及的违章做了注释。同时，为了提高条款的警醒作用，小李还将近两年事故通报与违章条款一一做了关联，通过事故通报中血淋淋的教训警示班里其他同志。随后，小李通知全体班员，在周例会上进行新版严重违章35条的重点集中学习。

会议当天，小李的演讲强调了安全生产的重要性，以及新版严重违章35条对于预防事故、保障员工生命安全的重大意义。当他开始逐条解读新规时，台下传来了不和谐的声音。"李班长，这些规定我们也听过不少，但实际操作中哪有那么多条条框框，如果都按照规定实施，我们活都不用干了。"一位老师傅率先发难，他的语气中带着几分不屑。

小李没有立即反驳，而是微笑着请这位老师傅先坐下，然后缓缓说道："老张师傅，您说得没错，我们确实有很多宝贵的经验。但您也知道，电力行业日新月异，新技术、新设备层出不穷，我们的安全规范也需要与时俱进。这些新规，正是基于近年来国内外电力行业的安全事故分析，总结出来的经验教训。我们可以看一下近两年的事故通报，里面一条条鲜活的生命，都是因为没有严格遵守这些安全条款而失去了。"

然而，老张师傅似乎并不买账，他继续质疑："那按照这些新规，我们以前那些行之有效的操作方法岂不是都要改？这岂不是在浪费我们的时间和经验？"

这时，安全员王某站了出来，他接过话茬说："老张师傅，我理解您的担忧。但我想说的是，安全无小事，任何一点疏忽都可能造成无法挽回的后果。这些新规虽然看起来繁琐，但它们都是经过科学论证和实践检验的。这次我们的学习内容，经过了筛选，与我们工作涉及的安全风险息息相关，我相信随着我们逐渐适应这些新规，我们的工作效率和安全性都会得到提升。"

安全员的话引起了在场不少年轻员工的共鸣，他们纷纷点头表示赞同。而老张师傅也陷入了沉思，他意识到自己的观念或许真的需要更新了。

看到这一幕，小李趁热打铁，他继续说道："老张师傅，王某说得对。我们确实需要与时俱进，不断学习新的知识和技能。当然，我们也会充分考虑到实际情况，确保新规的落地既符合安全要求，又便于大家操作。同时，我也希望大家能够相互学习、相互支持，共同为班组的安全生产贡献自己的力量。"

【案例结果】

经过这次周例会的交流和讨论，会议的气氛逐渐变得融洽起来。虽然起初存在人员冲突和观念碰撞，但最终大家都达成了共识：安全是电力生产的生命线，新版严重违章35 条的落地实施势在必行。而这次启动大会，也成为了班组安全文化建设的一个重要里程碑。

【案例经验】

（1）沟通先行：在推行新规定前，充分的沟通至关重要。班组长需要耐心倾听员工的疑虑和反对意见，并通过合理的解释和讨论，让员工理解新规定的必要性和重要性。只有当员工真正从心底接受这些规定时，他们才会自觉地遵守。

（2）数据说话：在解释新规定时，班组长应尽可能地使用数据和案例来支持自己的观点。这样不仅能增强说服力，还能让员工更直观地感受到新规定带来的好处和改变。

（3）鼓励参与：通过组织知识竞赛、分享会等活动，可以激发员工的学习热情和参与度。这种积极向上的氛围有助于员工更快地适应新规定，并在实践中不断完善和创新。

（4）营造文化：安全文化的建设是一个长期的过程。班组长应通过多种方式营造遵章守纪的良好氛围，让员工在潜移默化中养成良好的安全行为习惯。只有当安全文化真正深入人心时，才能从根本上提高班组的安全生产水平。

本章总结

本章围绕电力班组长的核心职责，从安全管理、技术提升和政策执行三个维度展开。结合案例解析，重点说明如何通过标准化作业流程、隐患排查清单、技能培训等方法，确保安全生产；如何通过设备运维优化、线损治理技术提升工作效率；以及如何将国家双碳政策、新能源并网要求转化为班组具体行动。

专业业务能力是班组高效运行的"硬实力"，但其落地离不开沟通协调能力这一"软实力"支撑。例如，在防外破治理中，安全规程的执行需要与施工方反复沟通；线损攻坚的技术方案需要跨部门协同推进。下一章将揭示如何通过结构化沟通策略化解矛盾，运用政企联动机制整合资源，使专业能力在协作网络中释放更大效能。这种"技术＋沟通"的双轮驱动，正是破解基层班组复杂问题的关键路径。

第三章　沟通协调能力

一、能力认知：理解沟通方法，协调各方关系

（一）能力定义

沟通协调能力是指班组长在工作中，能够与班组成员、上级领导、其他部门及外部相关单位进行有效信息交流、思想传递，并合理调配资源、协同各方工作，以实现班组目标、提升工作效率和质量、维护良好工作关系及推动工作顺利开展的综合能力。其内涵包括：准确表达自身想法和意图，理解他人需求和观点，积极倾听并反馈，善于协调各方利益和矛盾，灵活运用沟通技巧和协调策略，促进团队合作和工作协同，确保信息畅通无阻、工作衔接有序、关系和谐稳定，从而为班组的高效运行提供有力支持。

（二）能力构成要素

沟通协调能力包含内部沟通、组织协调、汇报反馈、关系维护等要素，这些能力要素紧密围绕班组长的岗位职责展开，是确保各项工作顺利进行的关键。

1. 内部沟通

内部沟通指班组长在班组内部，通过定期召开例会、谈心谈话等方式，与班组成员进行信息交流、问题探讨、任务布置，以提升团队凝聚力，掌握员工思想动态，处理内部冲突，营造和谐工作氛围，促进工作质效提升的能力。良好的内部沟通是班组长管理班组的基础。通过及时有效的沟通，班组长能够准确了解班组成员的工作进展和需求，合理分配工作任务，解决工作中的矛盾和问题，提高团队协作效率，确保各项工作任务按时、高质量完成，从而实现班组管理目标。

2. 组织协调

组织协调指班组长对本班组人力、财力、物力等资源进行统筹管理，根据人员差异合理分配工作任务，建立健全沟通机制，协调跨部门/跨班组工作，明确职责边界，解决协同难点，做好上传下达，确保各项工作有效协调完成的能力。组织协调能力是班组长实现资源优化配置、提升工作效率的重要保障。合理安排人力、物力资源，能充分发挥班组成员的优势，提高工作产出。协调跨部门/跨班组工作，有助于打破工作壁垒，实现工作流程的无缝对接，保障企业整体运营的顺畅，是完成复杂工作任务和实现企业整体目标的必备能力。

3. 汇报反馈

汇报反馈指班组长负责总结班组工作报告，深入分析经验和问题，准确清晰展示汇报，同时总结经验教训，探索新工作思路方法，及时反馈工作进度和举措，结合上级要求改进工作，推动班组持续进步的能力。汇报反馈是班组长与上级领导沟通的重要环节。通过及时汇报，上级能够了解班组工作动态，为决策提供依据。准确反馈问题和提出改进建议，有助于获取上级支持和指导，优化工作方法和流程，提升班组工作绩效，确保班组工作与企业整体战略保持一致。

4. 关系维护

关系维护指班组长负责与属地政府及相关单位保持联系，进行政策处理和沟通协调，同时建立用户反馈机制，了解用户需求，优化服务流程，提升用户满意度，以及抓好班组关键岗位职责，共同维护良好营商环境的能力。在企业与外部环境的互动中，班组长起着重要的桥梁作用。与政府及相关单位的有效沟通协调，有助于获取政策支持、解决外部问题，保障班组工作顺利开展。关注用户需求，提升服务质量，是满足市场要求、提升企业形象的关键。明确并抓好关键岗位职责，能确保班组整体服务水平，促进企业在良好的营商环境中发展。

二、能力提升：破除沟通障碍，构建协同生态

班组长沟通协调能力的培养需要依托结构化策略与场景化训练的有机整合，通过分层级目标设定、多维度技巧打磨，结合电力生产中的实际协作需求，可实现从基础信息传达到全局资源统筹的能力升级。本节将围绕沟通场景分级表现、进阶训练任务、工具方法库建设、典型沟通协调案例四个维度，系统阐述沟通效能的提升路径。

（一）"内部沟通"能力要素提升策略

1. 行为表现

"内部沟通"能力要素各级别行为表现要求见表 3-1。

表 3-1   "内部沟通"能力要素各级别行为表现要求

L1 入门级	1. 掌握基本的沟通技巧； 2. 与班组成员建立基本的信任与合作关系，了解班组成员的基本情况和需求
L2 应用级	1. 具备良好的表达能力，掌握高效的沟通技巧； 2. 能清晰地宣读政策要求，阐述班组目标，布置班组任务； 3. 具备处理团队简单内部冲突的能力

续表

L3 拓展级	1. 与班组成员深度沟通，充分掌握班组员工思想动态，并针对性开展谈心谈话，提升思想凝聚力； 2. 具备处理团队复杂内部冲突的能力
L4 指导级	1. 发挥传帮带作用，将自己的经验和知识传授给班组成员，帮助其成长和发展； 2. 打造一个和谐公平稳定的氛围，创建一个高效运转的工作机制

2. 工具方法

（1）能力要素提升任务：见表 3-2。

表 3-2　　　　　　　　"内部沟通"能力要素提升任务

分级	提升任务
L1 入门级	1. 开展自我评估，识别自己在沟通方面的强项和待改进之处，通过问卷调查、同事反馈或自我反思来完成； 2. 了解全部班组成员的基本情况和性格，形成简单清单
L2 应用级	1. 学习沟通技巧书籍，深入学习沟通的基本原理、有效沟通技巧（如积极倾听、清晰表达、非言语沟通等）及冲突解决策略； 2. 在班组会上清楚阐述班组目标，布置班组任务； 3. 解决班组内部班员的矛盾冲突
L3 拓展级	1. 作为推动者，组织部门内部的沟通培训或分享会，邀请外部专家或内部经验丰富的同事分享沟通经验； 2. 定期向团队成员收集关于沟通效果的反馈，包括沟通中的成功经验和需要改进的地方，根据反馈进行自我反思和调整，不断优化沟通方式和策略
L4 指导级	1. 了解并引入适合部门需求的沟通工具（如项目管理软件、在线协作平台等），并推动团队成员熟练使用； 2. 营造积极向上的沟通环境，让沟通成为推动部门工作的重要力量

（2）能力提升可用资源。

1）规章制度类：见表 3-3。

表 3-3　　　　　　　　规章制度类资源

国家法律法规	1.《中华人民共和国劳动法》； 2.《中华人民共和国电力法》； 3.《关于加强中央企业班组建设的指导意见》（国资发群工〔2009〕52号）

行业标准	1.《国家能源局关于进一步加强电力市场管理委员会规范运作的指导意见》; 2.《电力供应与使用条例》(国务院令第 196 号)(2019 年修正); 3.《国家电网公司供电服务规范》
公司标准及规程规定	1.《国网浙江省电力公司班组建设管理办法》; 2.《国网浙江省电力公司班维建设基层联络员管理办法》; 3.《浙江省电力公司班组民主管理指导意见》; 4.《关于加强供电企业生产一线班组建设的若干意见》; 5.《国家电网有限公司电视电话会议管理办法》; 6.《国家电网公司电力安全工作规程》

2)培训课程类:见表 3-4。

表 3-4　　　　　　　　　　培训课程类资源

内部课程	1. 国网学堂-《学会沟通——沟通从心开始》; 2. 国网学堂-《学会沟通——高情商沟通的望闻问切》; 3. 国网学堂-《学会沟通——以"望闻问切"打造党支部书记高水平沟通》; 4. 国网学堂-《推倒心墙搭建沟通之桥》; 5. 国网学堂-《电力班组沟通系列》; 6. 国网学堂-《班组绩效沟通"三步曲"——解决班组绩效沟通不规范问题》; 7.《国家电网公司生产技能人员职业能力培训通用教材:沟通与协调(2015 年版)》
外部课程	1. 沟通 _ 北京交通大学—中国大学 MOOC(慕课); 2. 沟通与人生 _ 北京理工大学—中国大学 MOOC(慕课); 3. 席瑞说服表达沟通—bilibili; 4. 黄执中:成为懂情绪的高效沟通者—bilibili; 5. 沟通密钥™对上、对下、对内、对外的沟通能力提升—51CTO

3)书籍教材类:见表 3-5。

表 3-5　　　　　　　　　　书籍教材类资源

L1 入门级	1.《蔡康永的说话之道》蔡康永,沈阳出版社; 2.《沟通的艺术:看入人里,看出人外》罗纳德·B·阿德勒、拉塞尔·F·普罗科特,世界图书出版公司

L2 应用级	1.《金字塔原理》芭芭拉·明托，南海出版公司； 2.《经理人参阅：有效沟通》[美]黑贝尔斯·威沃尔，华夏出版社
L3 拓展级	1.《可复制的沟通力》樊登，中信出版社； 2.《非暴力沟通》马歇尔·卢森堡，华夏出版社
L4 指导级	1.《说话的魅力》刘墉，接力出版社； 2.《沟通圣经：听说读写全方位沟通技巧》尼基·斯坦顿，北京联合出版公司

4）工具方法类。

工具一　SCQA 模型

a. **工具的定义**：SCQA 模型是一个结构化表达或结构化思维的工具，由麦肯锡咨询顾问芭芭拉·明托在《金字塔原理》一书中提出。

b. **工具适用范围（使用场景）**：在向上级汇报工作、向团队成员分配任务或与客户沟通需求时，可以使用 SCQA 模型（情境—冲突—问题—答案）来结构化沟通内容，确保信息能够准确传达。

c. **工具应用步骤**：

①情景（Situation）：首先描述一个大家都熟悉的场景、故事或事实作为背景。

②冲突（Complication）：接着表达实际情况与期望或要求之间的冲突和差异。

③疑问（Question）：提出问题，即面对这样的冲突，该如何解决。

④答案（Answer）：最后给出解决方案或建议。

工具二　GROW 模型

a. **工具的定义**：GROW 模型是一种设定目标和寻找解决方案的工具，由约翰·惠特默在 1992 年提出，现已成为企业教练领域使用最广泛的模型之一。

b. **工具适用范围（使用场景）**：用于管理人员或教练员与员工的沟通，由 Goal（目标）、Reality（现状）、Options（方案）、Will（意愿）四个部分组成。

c. **工具应用步骤**：

①目标（Goal）：明确沟通的目的和员工的期望目标。

②现状（Reality）：分析员工当前的状态和面临的问题。

③方案（Options）：探讨可能的解决方案，并鼓励创造性思考。

④意愿（Will）：确定员工对解决方案的接受度和行动意愿，并规划后续步骤。

工具三　PREP 原则

a. **工具的定义**：PREP 原则是一种高效的沟通技巧和结构化表达思想的工具，其全称为 Point（观点）、Reason（原因）、Example（例子）、Point（观点重申）。

b. 工具适用范围（使用场景）：在职场中，无论是口头汇报工作、即兴演讲还是面试回答，PREP 原则都能帮助个人更清晰地表达自己的观点。具体来说，通过先说结论（Point），再解释原因（Reason），举出例子（Example），最后重申观点（Point），可以使沟通更加有条理和说服力。

c. 工具应用步骤：

①观点（Point）：首先明确表达你的观点或结论。

②理由（Reason）：解释为什么持有这样的观点或结论。

③证据（Example）：提供证据或实例来支持你的理由。

④立场（Position）：重申你的立场或观点，确保听众理解并接受。

3. 典型案例

案例一 及时掌握员工思想动态，激发年轻员工工作热情

【案例背景】

某电气班组承担着公司的 24 小时电力值班工作，四班三倒制决定了他们上班是不分白天黑夜的，节假日也不能正常休息，每天不间断地面对着数以万计的信息和繁琐的数据记录。

【问题／挑战】

刘某是班里年龄最小的，他并不喜欢这份黑白颠倒、毫无技术含量的电气工作，每天 8 小时面对着单调的监控屏幕，每天负责输入、核对大量数据，工作太枯燥乏味，一点儿也提不起精神，导致在工作时分神，还出现了几个小失误。

【行动／措施】

王班长了解了刘某的家庭、学习背景，得知刘某生活在大城市、家庭条件优越、毕业于名牌大学研究生，来到了偏远的四线城市工作，心里肯定有很大的落差。再加上他刚毕业对工作岗位的认知还不全面，有自己的想法和喜好，因此也产生了一定的消极情绪，但其为人还是好学上进、勤快热情。因此王班长并没有责怪他，而是主动地找刘某进行面对面的谈话，耐心地给他讲电力工作的重要性，热心地帮助他熟悉工作流程，分析出现失误的原因。王班长通过明确分工，让刘某每个小时巡视一次系统画面，然后把数字记录下来，最后由班长再对这些设备进行两次系统的核查。

谈话内容如下：

班长：小刘，最近工作怎么样呀，有没有什么烦心事？

小刘：班长，工作还算顺利，就是感觉干起来没有劲。我研究生毕业两年多了，整天就是对着电脑，抄一些没有意义的数据，一点也没有工作目标，感觉学到的知识也没

有什么技术含量，实在是有些枯燥乏味。

班长：我了解了你的家庭、学习背景，知道你可能心气高，看不起我们这个工作，但我想说的是，我们这个工作同样十分重要，稍有疏忽就可能漏掉设备的重要信息，从而造成设备的故障停运，影响用户的可靠用电。我们是整个电网的"眼睛"，没了眼睛，电网的稳定运行靠什么来守护呢？

小刘：班长，你说得对，今后我一定认真巡视设备、记录数据，学习工作流程、增加知识储备，第一时间发现设备问题，维护电网稳定运行。

班长：是的，小刘，我相信经过时间的积累，你一定能在平凡的岗位上干出不平凡的事迹。

【案例结果】

在增加了工作的目标性和责任感后，刘某每天的工作井井有条，自此以后再也没有出现失误，并能够及时发现和处置遇到的问题，更好地守护现场设备的安全稳定运行，幸福感、自豪感油然而生，在辛苦枯燥的工作中逐渐产生了热情，慢慢地爱上了自己的工作。他不再觉得工作枯燥了，反而觉得很有意思。

【案例经验】

（1）了解：事先了解对方的日常行为习惯和性格特点，在意的事或人，不能接受的事情等。

（2）倾听：倾听对方的需求与担心，对对方的情绪表示理解和接纳，最好能够例举自身类似的经历产生共情，缓解对方抗拒的心态。

（3）解决：针对对方提出的问题和困难，一一安排解决，同时也告诉对方如果确实这个事没有做好可能会引发的后果。

（4）协定：与对方达成行动一致。

案例二　多维度化解员工抵触情绪

【案例背景】

某供电公司开展班组融合机制改革，将原有的抢修班组、高压班组、低压生产班组、低压营销班组四个班组进行融合，形成一个供电服务大班组。班组融合后，要求所有班组成员在原有岗位的基础上学习其他岗位的业务知识和技能水平，做到业务流程全面贯通，真正达到一专多能的人才要求。

郭某是原低压营销班组成员，只会低压营销的相关业务，其他生产安全、抢修等业务一点都不了解。在班组融合初期，岗位轮值、互相学习的期间，班组长安排他参与10kV线路标准接线改造工作。

【问题／挑战】

接到工作安排后，郭某声称自己不了解10kV生产过程，怕出安全生产问题，不愿意接手该工作。同时向班组长提出自己学习能力差，只想做原有岗位的工作。在这种情况下，班组长需要说服郭某克服困难，积极参加新岗位的工作锻炼，补充新知识，掌握新技能。

【行动／措施】

班组长一开始依仗自己班组长的身份硬性要求郭某接受新的工作安排，但是郭某也是性格脾气执拗，吃软不吃硬的性格，坚决不肯去参加 10kV 线路标准接线改造工作，甚至言语上颇有微词，不服气。

班组长见此准备安排和郭某来一场单独谈话，了解郭某的实际需求和顾虑，达到最终说服的目的。

班组长先从和郭某熟悉的同事那里了解郭某的性格和日常工作习惯，知道他平时就相对比较散漫，没有主动学习的习惯，但是对家里人及身边的朋友、同事都不错。

郭某叙述自己不想接受新的工作安排原因有 3 个方面：

一是学习新知识新技能需要花很多精力，在这个过程中可能还会犯下各种各样的错误，需要担责。

二是觉得 10kV 线路的生产工作会有安全风险，怕自身出现安全问题，家里人也跟着担心。

三是走不出舒适圈，既然每个岗位都需要人，那对原有岗位业务熟悉的自己就在原岗位好了。

班组长根据郭某描述的 3 个情况，提出了自己的建议：

一是对于郭某说的这些情况确实是人之常情，有这些畏难、逃避的想法表示理解，之前在某次接受上级任务安排时，本人也有担心无法圆满完成，但是后面也克服困难按时完成任务。

二是班组融合，业务贯通，培养一专多能的人才是公司方针政策，也是行业发展的必然趋势，我们需要学会接受、适应，才能与时俱进，不被淘汰。

三是走出舒适圈，学习新知识新能力固然是痛苦的，但是掌握新知识新技能的成就感也同样是值得人期待的。你家里人尤其你的孩子也会向你学习，以你为榜样。

四是既然安排了你参加新工作，肯定也安排了经验丰富的老师傅带你，并且工作前会将工作内容、安全措施、注意事项及可能存在的危险点一一告知，并且现场实际工作中也会多加照顾，确保你人身安全。

五是你现在也是一家的顶梁柱，如果多次不完成或者拒绝上级安排的工作，对你的绩效工资是有考核的，对你整个家庭收入也是有影响的。

经过长达 1 个小时的长谈后，郭某最终同意接受新的工作安排。

【案例结果】

　　郭某接受新的工作安排，参加 10kV 线路标准接线改造工作，并在后续的工作中抱着良好积极的心态应对新挑战。

【案例经验】

　　精准把握"情—理—利"三维沟通法则：情感共鸣消除对抗，趋势认知破除局限，利益关联构建动力，实现从被动接受到主动适应的转变。

　　（1）共情破冰：承认员工顾虑合理性，以自身经历拉近距离，建立信任基础。

　　（2）政策引导：阐明改革必要性，强调行业趋势与个人发展的共生关系。

　　（3）风险兜底：提供"导师制"安全护航，细化岗前培训消除技术恐惧。

　　（4）价值唤醒：激活家庭责任意识，将技能成长与榜样塑造形成情感联结。

　　（5）激励约束：明确绩效双刃剑效应，平衡职业发展与经济保障的双重驱动。

（二）"组织协调"能力要素提升策略

1. 行为表现

"组织协调"能力要素各级别行为表现要求见表 3–6。

表 3–6　　　　　　　　"组织协调"能力要素各级别行为表现要求

L1 入门级	1. 基本能够进行统一任务安排； 2. 能够接收上级要求，进行基本简单的问题处理与协调
L2 应用级	1. 落实分解各岗位职责和流程机制，安排具体的岗位工作； 2. 分析本班组的问题原因，明确整改措施，完善流程机制； 3. 主动将碰到的问题或工作成效及时向上级汇报，上级的要求指令第一时间传达至班组
L3 拓展级	1. 了解各岗位工作及人员技能水平，根据各岗位差异和人员能力进行分工； 2. 与其他部门 / 班组充分沟通，全面协商，明确职责边界，解决实际问题； 3. 主动向上级汇报时提出自己的建议，给上级做"选择题"而不是"解答题"，同时向班组传达上级工作要求时加入自己的思路想法
L4 指导级	1. 学习先进单位的典型经验，举一反三，不断优化流程机制，调整人员分工，提升工作效率； 2. 主动向其他部门 / 班组学习专业知识和工作流程，思考相关专业流程机制和职责边界，并主动提出解决方案； 3. 征询班组成员工作新思路新想法，并将好的建议及时汇报给上级，同时高站位大局意识地思考上级要求，并给班组成员进行解读

2. 工具方法

（1）能力要素提升任务：见表 3-7。

表 3-7　　　　　　　　　"组织协调"能力要素提升任务

分级	提升任务
L1 入门级	1. 了解班组各成员的性格特点，能力水平； 2. 知晓本班组与其他部门（班组）业务流程衔接的问题及在沟通协调方面存在的困难
L2 应用级	1. 充分了解班组成员个性特点和能力水平，形成适合本班组的组织协调办法； 2. 梳理跨部门（班组）的流程机制，与其他部门（班组）充分沟通，共同协商，明确职责边界
L3 拓展级	1. 开展班组协调专门沟通会，讨论形成班组行动准则； 2. 主动了解其他部门（班组）的工作流程，思考如何将本班组的工作与其更好地对接，解决实际存在的问题
L4 指导级	1. 根据班组实际情况变化，及时调整班组组织协调办法和行动准则； 2. 总结一套可复制的典型经验做法，与其他单位进行交流探讨； 3. 利用成熟的知识体系和丰富的经验，主动帮助其他部门（班组）梳理岗位职责和人员分工，给出合理建议

（2）能力提升可用资源。

1）规章制度类：见表 3-8。

表 3-8　　　　　　　　　规章制度类资源

国家法律法规	1.《中华人民共和国安全生产法》； 2.《中华人民共和国公司法》
行业标准	1.《电力安全生产监督管理办法》； 2.《电力行业应急能力建设行动计划（2018—2020 年）》
公司标准及规程规定	1.《国家电网有限公司总部工作规则》； 2.《国家电网有限公司值班重大事项报告管理办法》； 3.《国网浙江省电力公司班组建设管理办法》； 4.《国网浙江省电力公司班维建设基层联络员管理办法》； 5.《浙江省电力公司班组民主管理指导意见》； 6.《国家电网公司班组建设管理办法》； 7.《生产作业安全管控标准化工作规范》

2）培训课程类：见表 3-9。

表 3-9 培训课程类资源

内部课程	1. 党支部书记的领导艺术系列微课—第 5 讲：沟通协调艺术—视频—国网学堂； 2. 1.4（1）沟通与协调（沟通）- 视频—国网学堂； 3. 1.4（2）沟通与协调（协调）- 视频—国网学堂； 4. 1.4（3）沟通与协调（冲突）- 视频—国网学堂； 5. 沟通与协调技巧在供电服务中的应用 - 视频—国网学堂
外部课程	1. 部门主管的能力构成：组织协调能力 -bilibili； 2. 管理沟通：思维与技能 - 中国大学 MOOC（慕课）； 3. 管理沟通理念与技能 - 中国大学 MOOC（慕课）； 4. CTO 的战略组织力：系统打造组织能力 -51CTO 学堂； 5. 组织管理：提升团队效能 -51CTO 学堂

3）书籍教材类：见表 3-10。

表 3-10 书籍教材类资源

L1 入门级	1.《中国式沟通艺术》伯言，中华工商联合出版社； 2.《说话的力量》王建一，北京时代华文书局
L2 应用级	1.《关键对话：如何高效能沟通》腾龙江，云南出版集团； 2.《向下管理的艺术——如何激发员工自驱力》蒋巍巍，人民邮电出版社； 3.《向上管理的艺术——如何正确汇报工作》蒋巍巍，人民邮电出版社
L3 拓展级	1.《向上管理——和你的领导互相成就》萧雨，江苏凤凰文艺出版社； 2.《如何说，别人才肯听》宿文渊，吉林文史出版社
L4 指导级	1.《团队协作的五大障碍》帕特里克·兰西奥尼，中信出版集团； 2.《中国式管理行为》曾仕强，北京联合出版公司

4）工具方法类。

工具　RULER 模型

a. **工具适用范围（使用场景）**：RULER 模型强调在沟通中关注对方的感受、表达自己的感受，并建立良好的沟通氛围，包括 Recognize（识别）、Understand（理解）、Express（表达）、Regulate（调节）和 Empathy（同理心）五个部分。

b. **工具应用步骤：**

①识别（Recognize）：识别对方的情绪和需求。

②理解（Understand）：尝试理解对方的立场和观点。

③表达（Express）：清晰表达自己的感受和观点。

④调节（Regulate）：调节自己的情绪和语气，保持冷静和耐心。

⑤同理心（Empathy）：展现同理心，关心对方的感受和需求。

3. 典型案例

案例一 量才使用，扬长避短

【案例背景】

李某是毕业于名校电力系统专业的一名研究生，工作态度好，很有上进心。张班长很器重他，为了培养他以后当技术员，就把他安排到生产一线开展一次设备安装等工作。

【问题／挑战】

由于李某个子小、身体弱，再加上一线工作本身劳动强度大，因此李某在生产线上明显干得很吃力，其他的员工也嫌他速度慢。尽管他主动加班加点，还是常常完不成任务，还拖了整个生产一线的工作进度。时间久了，他也对自己逐渐失去了信心，认为再怎样也无法胜任目前的工作，更没办法进一步成长为一名优秀的技术员，因此工作失误、未按时完成工作任务等情况时有发生。

【行动／措施】

张班长细细观察，发现李某的最大优点是性格温和，做事耐心细致，而且记忆力特别好。有时，他帮助班组做些生产统计的事情，会得到老师傅的肯定；参加全厂的职工技能知识竞赛，还替班组拿了优秀奖。张班长看出李某现在岗位压力大，就想如何才能发挥他的这些优点呢？

正巧，班组的统计员梅某年龄大了，马上要退休。张班长觉得机会来了，这个岗位正好能发挥李峰的特长，就征求他的同意，给他换了岗位。

【案例结果】

李某很快就适应了新岗位，并干得很出色。看似繁琐复杂的生产数据记录，在李某看来很轻松简单。而且他做事认真、一丝不苟，加上记忆力好，把记录工作做得井井有条；同时善于沟通，跟生产管理员们在工作中都相处得很融洽。李某在新岗位上的出色表现得到了公司的表彰。

【案例经验】

（1）识人：了解班员的优缺点，做到能职匹配，人能胜岗。

（2）解决：善于发挥班员的长处，将其安排在恰当的岗位上。

案例二　全方位组织与实施，共同推进线路综合检修

【案例背景】

公司某供电所需要于下月开展一次 10kV 线路综合检修，班组长发现检修工作涉及工作量超出供电所班员承担能力，需班组长沟通协调内外部力量，制定方案，组织协调完成此次检修工作。

【问题／挑战】

因作业任务量超出班组班员承担能力，需班组长统筹协调公司其他供电所、施工队力量，合理分工完成此次检修工作。

【行动／措施】

（1）梳理流程：班组长根据已编制的综合检修方案，明确此次综合检修工作的具体工作流程、工作内容，包括：需要实施的停电措施、需要开展保供电的台区、工作涉及的安全措施、具体需要检修的设备、检修车辆及特种作业车调配、餐饮物资后勤保障等，逐一核算工作量及对应作业人员数量，形成作业清单。

（2）分配任务：班组长根据梳理出的各项工作任务，组织网格长、设备主人讨论人员分工。根据工作区域、工作量、人员承载能力将工作内容进行分组，将整体工作任务分为 8 组，明确各个小组工作内容、所需人员、车辆、工器具、施工材料、安全保障措施，保证各小组能够在规定检修时间内完成各项工作。班组长评估班组员工工作能力，发现在保障日常抢修值班力量情况下，班组仅能认领 8 个工作小组中的 2 组，其余工作需其他供电所或施工单位协助完成。

（3）外部支持：班组长将实际情况及所需支援人员数量汇报公司运检部，由运检部以联系单形式协调公司其他供电所增派支援人员参与综合检修。运检部协助下发联系单后，班组长逐一联系各供电所，协调确定支援人员名单，遇部分供电所因工作冲突无法派出人员，及时协调其他部门补充。明确人员后，制定人员分组、工作分工、车辆安排初稿，经各供电所班组小组负责人审核修订后，形成人员分工终稿，下发各小组。

（4）开展工作：综合检修前，班组长组织班员提前整理核对检修相关工具、物资，由工作负责人、工作票签发人组织各小组负责人再次查看现场，明确工作任务、风险点、安全措施。检修期间，班组长做好整体工作协调、到岗到位、作业风险、违章自查自纠。

【案例结果】

经过统筹协调、合理分工，该供电所顺利完成该 10kV 线路综合检修工作，有利于提升线路健康水平。

【案例经验】

（1）工作流程要明确：班组长首先要明确本次工作的主要任务，以工作任务清单、

流程图等形式理清工作流程，评估工作量与资源，将检修工作分解为若干个子任务，明确每个子任务的责任人、完成时间和所需资源。

（2）人员分工要合理：根据内外部力量的实际情况，合理安排人员分工，确保每个关键岗位都有合适的人员负责。

（3）对外沟通要高效：一方面与其他部门班组沟通，看是否有可调配的支援力量，如技术专家、后勤支持等；另一方面向上级部门汇报检修工作的复杂性和资源不足的情况，并以联系单的形式留痕。

（4）关键环节要把牢：班组长要督导工作的关键环节，如方案修订、人员分工、安全措施、后勤保障，并随着变化实时调整优化方案，确保工作扎实稳步推进。

（三）"汇报反馈"能力要素提升策略

1. 行为表现

"汇报反馈"能力要素各级别行为表现要求见表 3-11。

表 3-11 　　　　　　"汇报反馈"能力要素各级别行为表现要求

L1 入门级	1. 能简单概述班组工作内容，进行基础分析和总结； 2. 能够在简单的工作完成后提供基本的反馈
L2 应用级	1. 能较为完整地总结班组工作内容，报告结构较为清晰，逻辑性有所提高； 2. 对经验教训有一定的分析和总结能力，但分析深度和广度有限； 3. 能够在工作完成后提供具体且相关的反馈
L3 拓展级	1. 能详细总结班组工作，报告结构完整，逻辑性较强； 2. 对经验教训进行深入分析和总结，并提出相应的改进措施； 3. 反馈内容全面，能够独立提出改进建议
L4 指导级	1. 能全面总结班组工作，报告结构严谨，逻辑性强； 2. 具备突出的总结能力，提出创新性的解决方案和改进策略； 3. 能够提供深入且具有前瞻性的反馈，能够提出创新的解决方案

2. 工具方法

（1）能力要素提升任务："汇报反馈"能力要素提升任务见表 3-12。

表 3-12 　　　　　　　"汇报反馈"能力要素提升任务

分级	提升任务
L1 入门级	1. 参加工作汇报反馈的培训课程，学习如何系统地整理和分析工作内容； 2. 阅读相关书籍或资料，学习如何提炼关键信息和规律； 3. 在完成简单工作后，尝试进行更详细的反馈，包括工作中的优点和需要改进的地方

续表

分级	提升任务
L2 应用级	1. 练习撰写更详尽的工作报告，注意报告的结构和逻辑性； 2. 分析过往工作中的成功和失败案例，总结经验教训； 3. 在工作完成后，尝试提供更具体和相关的反馈，包括对班组协作和流程的建议
L3 拓展级	1. 深入学习报告撰写技巧，提高报告的完整性和逻辑性； 2. 对工作中的问题进行深入分析，提出具体的改进措施； 3. 在反馈时，尝试提出全面的改进建议，并考虑实施的可能性
L4 指导级	1. 学习如何撰写结构严谨、逻辑性强的高级报告； 2. 培养创新思维，学习如何提出创新性的解决方案和改进策略； 3. 提供具有前瞻性的反馈，鼓励班组成员思考长远目标，并提出创新的解决方案

（2）能力提升可用资源。

1）规章制度类：见表 3-13。

表 3-13 规章制度类资源

国家法律法规	1.《中华人民共和国统计法》； 2.《中华人民共和国政府信息公开条例》
行业标准	1.《电力监管条例》； 2.《电力企业信息报送规定》
公司标准及规程规定	1.《公文格式规范》； 2.《国家电网有限公司董事会议事规则》； 3.《国家电网有限公司电视电话会议管理办法》； 4.《国家电网有限公司值班重大事项报告管理办法》； 5.《国网浙江省电力公司班维建设基层联络员管理办法》

2）培训课程类：见表 3-14。

表 3-14 培训课程类资源

内部课程	工作汇报的金字塔结构—国网学堂
外部课程	1. 职场沟通能力提升 - 网易云课堂； 2. 结构化汇报 5 项修炼 -51CTO 学堂； 3. 职场汇报必修课：EXCEL 商务图表一课通 - 中国大学 MOOC； 4. 实战微课 -5 分钟教你学习给领导做汇报 -51CTO 学堂； 5. 吴军《三分工作七分汇报——高效精彩的工作汇报》- 知乎

3）书籍教材类：见表 3-15。

表 3-15　　　　　　　　　　　书籍教材类资源

L1 入门级	《有效沟通的艺术》陈建伟，重庆出版集团
L2 应用级	《如何汇报工作：高效传达信息，全面展现成果》任康磊，人民邮电出版社
L3 拓展级	《关键沟通：精确表达和高效说服的艺术》盖思宏，民主与建设出版社
L4 指导级	《金字塔原理》芭芭拉·明托，民主与建设出版社

4）工具方法类。

工具　Xmind

a. **工具定义**：思维导图软件，有助于梳理报告结构和逻辑。

b. **工具适用范围（使用场景）**：XMind 的演示模式可以将思维导图以全屏形式展示，适合用于报告与演讲，可以更直观地理解报告的内容。

c. **工具应用步骤**

Xmind 用户手册：https：//xmind. cn/user-guide/xmind/new-file-new/

3. 典型案例

案例　如何做好故障抢修工作汇报

【案例背景】

在 2024 年 11 月，某地发生线路故障，在完成抢修工作后，该班组的班组长张某需要向领导做相关工作汇报。

【问题/挑战】

准确收集并核实故障发生的时间、地点、原因、抢修过程及结果等详细信息；提炼出关键信息，确保领导能够快速理解故障情况和抢修工作的重点。

【行动/措施】

在本次汇报中，张某根据抢修过程清楚地描述了故障发生的时间、地点及初步判断的故障原因：故障发生在 2024 年 11 月 23 日晚上 8 时，故障地点位于 A 地 28 线路，初步判断了故障发生的原因。接着，他汇报了抢修工作的具体步骤，包括故障点的定位、隔离故障、更换受损设备等，并且特别强调了在抢修过程中采取的安全措施，确保了人员和设备的安全。

张某还提到了抢修过程中遇到的困难和挑战，比如恶劣的天气条件和复杂的地形环境。恶劣的雷雨天气使得作业条件极为困难，而故障点位于山区，地形复杂，给抢修工作带来了额外的难度。尽管如此，张某表示他带领团队克服了这些困难，通过合理安排作业时间和人员轮换，确保了抢修工作的顺利进行。他详细说明了抢修工作所用的时间，以及抢修完成后对线路进行的测试，确保线路恢复稳定供电。

在汇报的最后，张某总结了此次抢修工作的经验教训，并提出了改进措施和预防类似故障发生的建议。他还完善原有的应急预案，以便在类似情况下能够更快地响应和处理故障。

【案例结果】

领导对张某的汇报表示满意，并对他的工作态度和专业能力给予了高度评价。张某的汇报不仅让领导对抢修工作的细节有了全面的了解，也体现了他作为班组长的责任心和领导力。

【案例经验】

具备出色的能力去梳理和归纳工作过程中的关键经验和存在的问题，能够以清晰、准确的方式向上级汇报工作内容，这种能力不仅有助于团队内部的沟通和协作，还能确保管理层能够及时获得重要信息，从而做出明智的决策。

（四）"关系维护"能力要素提升策略

1. 行为表现

"关系维护"能力要素各级别行为表现要求见表3-16。

表 3-16　　　　　　"关系维护"能力要素各级别行为表现要求

L1 入门级	1. 基本了解政府等其他单位或部门的政策，但沟通、协调不足； 2. 对用户了解较少，与用户的交流、反馈不够通畅
L2 应用级	1. 熟悉政府等其他单位或部门的政策，有一定的沟通、协调； 2. 对用户有一定的了解，建立用户反馈机制，能够收集用户意见或建议
L3 拓展级	1. 熟悉政府等其他单位或部门的政策，能够高效、及时地做好政策处理、沟通协调； 2. 畅通用户反馈机制，能够及时收集和处理居民用户的意见和建议，详细掌握用户需求； 3. 熟悉班组内全部人员的岗位职责，指导班员做好营商环境维护
L4 指导级	1. 熟悉政府等其他单位或部门的政策，能够高效、及时地做好复杂类、高难度的政策处理、沟通协调； 2. 不断改善用户反馈机制，不断优化服务流程，提升用户满意度； 3. 熟悉班组内全体人员的岗位职责，带领班组全体人员共同做好营商环境维护

2. 工具方法

（1）能力要素提升任务："关系维护"能力要素提升任务见表3-17。

表 3-17 "关系维护"能力要素提升任务

分级	提升任务
L1 入门级	1. 学习政府等其他单位或部门的政策; 2. 收集用户意见或建议
L2 应用级	1. 完成简单的政策处理或沟通协调; 2. 及时收集和处理居民用户的意见和建议,准确掌握用户需求
L3 拓展级	1. 融会贯通地掌握政府等其他单位或部门的政策,完成复杂的政策处理或沟通协调; 2. 优化服务流程,提升用户满意度
L4 指导级	1. 与属地政府及相关单位建立长期友好关系; 2. 取得班员的深厚信任和支持,带领班组共同维护良好的营商环境

(2)能力提升可用资源。

1)规章制度类:见表 3-18。

表 3-18 规章制度类资源

国家法律法规	1.《中华人民共和国劳动法》; 2.《中华人民共和国电力法》
行业标准	1.《电力供应与使用条例》(国务院令第 196 号)2019 年修正; 2.《国家电网公司供电服务规范》
公司标准及规程规定	1.《供电服务指挥中心(配网调控中心)业务知识 365 问(2019 年版)》; 2.《国家电网有限公司 95598 客户服务业务管理办法》; 3.《国家电网有限公司值班重大事项报告管理办法》; 4.《国家电网有限公司专家人才管理办法》

2)培训课程类:见表 3-19。

表 3-19 培训课程类资源

内部课程	《能源互联网营销服务系统(营销 2.0)统一客户模型及客户关系维护》国网学堂
外部课程	1.《关系攻略》等 - 中国大学 MOOC(慕课); 2.《大客户关系开发与维护》等 - 网易云课堂; 3.《中国式人脉经营:平衡利益关系,整合人际关系》-51CTO 学堂; 4. 向华为学:客户关系管理 -51CTO 学堂; 5. 客户关系管理 _ 重庆大学 - 中国大学 MOOC(慕课)

3）书籍教材类：见表3-20。

表 3-20　　　　　　　　　书籍教材类资源

L1 入门级	1.《客户关系的建立与维护》苏朝晖，清华大学出版社； 2.《员工关系管理实务手册》李艳，人民邮电出版社
L2 应用级	1.《员工关系管理》刘平青，刘子森，电子工业出版社； 2.《卓越关系：5步提升人际连接力》田俊国，机械工业出版社
L3 拓展级	1.《非暴力沟通》马歇尔·卢森堡，华夏出版社； 2.《客户关系管理》梁燕冰，张幸花，上海交通大学出版社
L4 指导级	1.《人性的弱点》戴尔·卡耐基，中国友谊出版公司； 2.《关系管理学》居延安，胡明耀，复旦大学出版社

4）工具方法类。

工具　RFM 模型

a. **工具适用范围（使用场景）**：RFM 模型是一种常用于客户分析和客户管理的数据分析模型，它通过量化客户的最近一次购买时间（Recency）、购买频率（Frequency）和消费金额（Monetary）三个关键指标，将客户划分为不同的细分群体，以便企业更好地了解客户行为和价值，并制定有针对性的营销策略。

b. **工具应用步骤：**

①数据收集与预处理。

数据来源：客户的交易数据，包括购买日期、购买金额和购买频率等信息。

数据预处理：确保数据的准确性和完整性，对数据进行清洗和转换，以便后续分析。

②计算 R、F、M 值。

R 值计算：计算每个客户最近一次购买日期与当前日期的间隔天数。

F 值计算：统计每个客户在一段时间内（如一年）的购买次数。

M 值计算：计算每个客户在一段时间内（如一年）的购买总金额。

③分段打分。

分段标准：根据企业的实际情况和业务需求，将 R、F、M 值分别划分为不同的段（如高、中、低三段），并为每个段打分。

打分示例：R 值越短分数越高，F 值和 M 值越大分数越高。

④综合评分。

加权求和：根据企业的实际情况，为 R、F、M 值设置不同的权重，然后将它们加权求和得到综合评分。

评分结果：根据综合评分结果，将客户划分为不同的细分群体，如高价值客户、低价值客户、新客户、流失客户等。

⑤制定营销策略。

策略制定：根据客户的细分结果，针对不同的客户群体制定个性化的营销策略。

策略实施：通过邮件营销、短信通知、优惠券发放、个性化推荐等方式，向客户推送符合其需求的营销信息。

⑥评估与调整。

效果评估：定期对营销活动的效果进行评估，分析 RFM 指标的变化情况。

策略调整：根据评估结果调整营销策略，优化客户细分标准和权重设置，提高营销效果和客户满意度。

3. 典型案例

案例一　电力抢修与用户满意度提升

【案例背景】

近年来，随着全球气候变暖的趋势加剧，夏季高温天气频繁出现，台风雷雨天气频发，不仅给人们的日常生活带来了诸多不便，同时也给电力系统的稳定运行带来前所未有的考验。特别是对于那些基础设施较为落后的老旧小区而言，用电高峰期的电力负荷激增往往会导致空气开关跳闸、线路烧毁等事件的发生，严重影响了居民的用电体验。

【问题/挑战】

用户对用电满意度的不认可及存在投诉的风险，需要班组长加强沟通，提出切实有效的措施，提升用户满意度。

【行动/措施】

（一）建立高效的沟通机制

1. 快速响应机制

当接到用户报修电话时，班组长立即启动快速响应机制，要求班组成员在最短时间内到达现场进行初步检查，并与用户取得联系。此时，沟通的第一步是告知用户已接收到其诉求，并正在安排专业人员前往处理。这种即时响应能够有效安抚用户的情绪，让他们感受到问题正在得到重视。

2. 实时更新进展

在查找故障原因和抢修过程中，及时向用户通报维修进展情况。可以通过电话、短信、微信等多种方式保持与用户的联系，告知其故障原因、预计修复时间及任何可能影响计划的因素。这样不仅可以避免用户因长时间等待而产生不满，还能增强用户对服务的信任感。

（二）优化客户服务流程

1. 主动沟通

要求班组成员在服务过程中加强与用户的主动沟通。例如，在到达现场后，先与用户见面，了解具体情况，并表达对其不便之处的歉意。接着详细介绍接下来的维修步骤，让用户心中有数。在整个维修过程中，保持开放态度，随时回答用户提出的疑问，直至问题完全解决。

2. 信息透明化

利用信息化手段，如短信平台、社交媒体账号等，向受影响用户提供及时准确的信息通报。告知其具体停电范围、预计恢复供电时间等重要信息，避免因信息不对称而产生的误解。此外，还可以通过发送温馨提示短信的方式，提醒用户注意用电安全，合理规划用电时间，共同维护电网稳定。

3. 建立反馈渠道

设立专门的服务热线或在线服务微信群等平台，方便用户反映问题及提出建议。确保每一条反馈都能得到有效回应，并据此不断改进服务质量和效率。对于一些常见问题，可以整理成 FAQ（常见问题解答），在微信群中及时发布，帮助用户自行解决简单问题。

（三）开展用户教育与宣传

1. 定期举办安全用电知识讲座

组织专家进社区、进学校，开展用电安全与节能知识讲座，增强公众对合理用电的认识。通过生动有趣的互动环节，让参与者掌握更多实用的节能技巧，从而在日常生活中践行绿色用电理念。

2. 利用媒体资源进行广泛宣传

借助电视、广播、报纸等传统媒体以及微博、微信等新媒体平台，发布有关夏季用电高峰期注意事项的文章或视频。内容可以涵盖如何避免过载导致的电路故障、怎样安全使用空调等家电设备等实用信息，引导用户形成良好的用电习惯。

【案例结果】

极大地增强与用户之间的黏性，在用户群中建立了良好的口碑，提高用户用电满意度。

【案例经验】

（1）建立高效的沟通机制：一是建立快速响应机制，有效安抚用户的情绪；二是实时更新进展，增强用户信任感。

（2）优化客户服务流程：一是加强主动沟通，确保用户了解抢修进度；二是利用信息化手段向用户提供信息，避免误会；三是建立反馈渠道，提升服务质量。

（3）开展用户教育与宣传：一是定期举办安全用电知识讲座，普及用电安全与节能知识，帮助用户养成良好的用电习惯；二是利用媒体资源广泛宣传，引导用户合理用电。

案例二　政企联动：共筑线路安全通道

【案例背景】

A 市各县大部分电网线路在山区，树线矛盾十分严重，且树木毛竹压线引起线路故障频发。为确保线路可靠运行，每年需对线路通道进行巡视清理。

【问题/挑战】

毛竹作为经济作物是农民的主要经济来源，在线路通道清理时，政策处理引起通道清障难度非常大。

【行动/措施】

为解决通道清理毛竹处理难问题，公司某供电所班组积极与属地乡政府对接，告知树线矛盾引发线路停电、山火等对居民生活生产造成的影响，供电所就线路通道清理计划及时主动向当地乡镇（街道）汇报说明，并提出结合排查情况分不同情况不同区域分别处理的建议。基本方案确定后，由乡政府牵头解决通道清理政策处理问题，通道清理前，由该地乡政府专门召集村支书、村主任召开动员大会，对线路通道清理新模式开展的原因、做法及要达到的成效进行解释和说明，并通过宣传栏、微信、短信、会议等形式加强对线路清障工作的宣传，让广大村民真正理解和支持该项工作的开展，营造"人人理解、人人支持"的工作氛围。同时，对新模式下的线路通道清障工作任务进行细分解强布置，确保将政策处理工作落实到村、到人，明确乡政府的总联系人、各村和公司的联系人。

供电所负责制定通道清理计划与工作方案，在线路通道工作实施前两天告知村联系人，由村里委派通道清障农民工。对应农民工由供电所对其进行安全教育培训，获得相应资质后，在供电所人员的指挥配合下进行通道清理，对线路通道内安全距离不足，危及线路安全运行的树木、毛竹进行砍伐，对线路通道保护区内可能影响到线路安全运行的树木、毛竹进行勾梢处理，对线路通道保护范围内的春冬笋开挖及运行小道进行清理修整。同时，公司和乡政府签订技术服务协议，明确双方职责，在工作结束验收合格后按实际工程量由乡政府审核汇总，供电公司以劳务费形式进行支付，直接发放到农民工手中，杜绝农民工坐地起价，导致通道清理工作无法开展。

【案例结果】

在新模式下，试点乡镇全面完成通道树线隐患区通道清理，政策处理矛盾突出问题得到解决，未发生树线倒伏引起的线路停电，居民可靠供电得到保障。政府、农民、林业生产、供电公司实现共赢。

【案例经验】

（1）多方协同：面对通道清理中的毛竹处理难题，供电所主动与属地乡政府对接，通过详细说明问题严重性及影响，争取政府支持，形成合力。这种跨部门协作模式有效推动了问题的解决。

（2）精准施策：基于详细排查结果，提出分区域、分情况处理的建议，确保清理工作既高效又针对性强，体现了精细化管理的理念。

（3）广泛宣传：通过多渠道宣传，包括动员大会、宣传栏、微信、短信等，提高村民对线路通道清理工作的认识和理解，构建起良好的社会支持环境，为工作顺利开展奠定基础。

（4）细化任务：将清理任务细化并明确责任主体，包括乡政府、各村及供电所的联系人，确保每个环节有人负责，提高了执行效率和透明度。

（5）规范管理：引入新模式，如勾梢处理等技术手段，减少砍伐量，保护生态环境；同时，通过签订技术服务协议明确双方职责，确保工作有序进行，并通过乡政府审核劳务费，直接发放给农民工，避免中间环节导致的价格争议，保障了农民利益和工作效率。

（6）闭环管理：工作结束后进行验收，根据实际工程量进行费用结算，形成了从计划到实施、再到验收的闭环管理，确保了清理工作的质量和效果。

本章总结

本章聚焦班组长在团队内外的沟通协作，包括班组内部思想动态管理、政企关系维护、跨部门资源协调和工作汇报技巧。通过具体案例，展示如何化解员工抵触情绪、建立政企联动机制、优化抢修资源分配，并通过有效汇报推动问题解决。

沟通协调的本质是资源整合与矛盾化解，但要实现长效协作，班组长必须具备自我管理能力，这既是赢得信任的前提，也是提升沟通效能的保障。例如，面对员工抵触情绪时，管理者的自律形象与时间规划能力直接影响沟通效果；在政企谈判中，政治素养与政策解读能力决定了协调的深度。第四章将深入探讨如何通过政治理论学习校准沟通方向，运用时间管理工具优化协调效率，使沟通从"被动应对"转向"主动引领"，为团队树立可信赖的行为标杆。

第四章　自我管理能力

一、能力认知：明晰角色定位，锤炼个人内核

（一）能力定义

自我管理能力是指班组长在工作中，能够自觉地对自身的思想、行为、情绪、时间等方面进行有效的规划、控制、调节和提升，以实现个人成长、工作高效开展并带动班组积极发展的综合能力。其内涵包括树立正确的价值观和职业道德，严格遵守各项规章制度，具备高度的自我约束和自我监督意识，合理安排和高效利用时间，不断提升个人综合素质，从而在复杂多变的工作环境中保持积极主动、有条不紊，为班组提供良好的榜样示范，引领班组向更高目标前进。

（二）能力构成要素

自我管理能力包含政治素养、严格自律、时间管理等要素，这些能力要素与班组长岗位职责相辅相成，是履行职责的内在保障。

1. 政治素养

政治素养即班组长坚定拥护党的领导，严格遵守党的纪律，积极学习党的理论和政策方针，深入研究并将其与班组工作紧密结合，制定并执行符合党的要求的工作计划，监督规范班组成员行为，确保班组工作始终与党的路线方针政策保持一致，引领班组成员积极践行党的理念的能力。政治素养是班组长履行职责的政治保障。在工作中，始终以党的路线方针政策为指引，确保班组工作方向正确，符合国家和企业利益。通过自身政治觉悟的提升，带动班组成员增强政治意识，提高团队整体政治素养，为企业稳定发展营造良好政治氛围，促进各项工作在正确政治轨道上推进。

2. 严格自律

严格自律要求班组长能够自觉遵循企业规章制度、行业标准和职业操守，在工作中始终保持高度的自我约束与行为规范。无论是日常工作任务的执行、时间的合理规划，还是面对工作中的诱惑与困难，都能坚守原则，克制自身惰性与不良倾向，以高标准要求自己，做到言行一致、表里如一。同时，班组长还需通过自身严格自律的表率作用，在班组内树立良好榜样，引导班组成员共同强化纪律意识和自我约束能力，进而提升整个班组的执行力与团队凝聚力，确保班组目标的高效达成。

3. 时间管理

时间管理即班组长负责根据工作目标和任务要求，制定班组在不同时间周期（年度、季度、月度、每日）的工作计划和里程碑计划，明确关键时间节点，合理安排工作任务的先后顺序和时间分配，动态调整计划以应对突发任务，确保各项工作按时、高质量完成，实现班组工作高效有序推进的能力。时间管理能力是班组长保障工作进度、提高工作效率的重要手段。通过合理规划时间，有序安排工作任务，确保重点任务按时完成，避免工作延误和资源浪费。有效应对临时任务和合理利用工作间隙，能够提高班组工作的灵活性和应变能力，使班组在有限的时间内创造更大的价值，顺利完成各项岗位职责所规定的任务。

二、能力提升：强化知行合一，坚持自我约束

班组长自我管理能力的精进，除了需要加强自律习惯的培养，还需要遵循标准化框架与渐进式优化的科学体系。通过分阶段目标拆解、持续性行为校准，结合高压工作环境下的个人效能挑战，可实现从基础时间管控到高阶领导能力的质变突破。本节将从行为分级标准、能力进阶任务、可用提升资源、标杆成长案例四个方面，立体呈现自我管理能力的进阶策略。

（一）"政治素养"能力要素提升策略

1. 行为表现

"政治素养"能力要素各级别行为表现要求见表4-1。

表4-1   "政治素养"能力要素各级别行为表现要求

L1 入门级	1. 对党的理论和政策有基本了解； 2. 工作中对党的路线方针政策有基本的自我思想理解
L2 应用级	1. 具有一定的政治觉悟，对党的基本理论和政策有所了解； 2. 在工作中能够对党的路线方针政策进行基础的贯彻执行
L3 拓展级	1. 政治觉悟较高，对党的路线方针政策有较好理解，能够自觉关注党的理论和政策； 2. 在工作中能够较好地贯彻执行党的路线方针政策
L4 指导级	1. 政治觉悟高，对党的路线方针政策有深刻理解，能够带动他人学习党的理论和政策； 2. 在工作中能够很好地贯彻执行党的路线方针政策

2. 工具方法

（1）能力要素提升任务：见表 4-2。

表 4-2　　　　　　　　　"政治素养"能力要素提升任务

分级	提升任务
L1 入门级	1. 系统学习党的基本理论和政策，提高政治觉悟； 2. 通过实际工作案例学习，加强对党的路线方针政策的理解
L2 应用级	1. 主动关注党的最新理论和政策动态； 2. 结合工作实际，定期检查和反思自己在贯彻执行党的路线方针政策方面的不足
L3 拓展级	1. 深入学习党的理论和政策； 2. 在工作中，主动承担起宣传党的路线方针政策的责任
L4 指导级	1. 深入研究党的理论和政策； 2. 在工作中发挥模范带头作用，帮助班组成员解决在贯彻执行党的路线方针政策中遇到的问题

（2）能力提升可用资源。

1）规章制度类：见表 4-3。

表 4-3　　　　　　　　　规章制度类资源

国家法律法规	1.《中国共产党章程》； 2.《中华人民共和国宪法》
行业标准	《国有企业领导人员廉洁从业若干规定》
公司标准及规程规定	1.《国网党建实施方案》； 2.《中共国家电网有限公司党组工作规则》； 3.《关于加强新时代廉洁文化建设的实施意见》； 4.《国家电网有限公司人才帮扶管理规定》

2）培训课程类：见表 4-4。

表 4-4　　　　　　　　　培训课程类资源

内部课程	政治能力全掌握系列微课—国网学堂
外部课程	1. 跟着人民日报学时政，提升政治素养 - 哔哩哔哩 _bilibili； 2. 以青春之志铸爱国之魂——做新时代的忠诚爱国者 - 哔哩哔哩 _bilibili； 3.《关于促进新时代新能源高质量发展的实施方案》政策解读； 4. 为推进中国式现代化提供坚强能源电力保障 - 求是网； 5. 准确把握我国能源电力行业的发展方向 - 求是网

3）书籍教材类：见表 4-5。

表 4-5 书籍教材类资源

L1 入门级	《中国共产党简史》中共中央党史和文献研究院，人民出版社、中共党史出版社联合出版
L2 应用级	《新时代意识形态理论与实践》姜迎春，南京大学出版社
L3 拓展级	《新时代党的组织路线读本》中央组织部有关业务局，党建读物出版社
L4 指导级	《习近平新时代中国特色社会主义思想学习问答》中共中央宣传部，学习出版社、人民出版社

4）工具方法类。

工具 "学习强国"

a. 工具定义："学习强国"学习平台是由中共中央宣传部主管，以习近平新时代中国特色社会主义思想和党的二十大精神为主要内容，立足全体党员、面向全社会的优质平台。

b. 工具适用范围（使用场景）：可以通过学习强国平台学习党的基本理论、基本路线、基本纲领等内容；企事业单位和党组织可以利用学习强国进行党员教育和党建工作。

c. 工具应用步骤：

①下载与安装：在手机应用商店搜索"学习强国"并下载安装。

②注册与登录：

a）打开应用，点击"注册 / 登录"；

b）输入手机号码，接收验证码，完成注册；

c）登录成功后，可以设置个人信息。

③实名认证：

a）在首页点击右上角头像，进入个人中心；

b）点击"个人实名认证"，选择认证方式（身份证认证或支付宝认证）；

c）按照提示填写信息，完成实名认证。

④创建学习组织（如有需要）：

a）在首页点击左下方的"强国通"；

b）点击上方书页图标，进入通信录页面；

c）点击下方的"创建学习组织"，填写组织名称和地区，点击"立即创建"。

⑤浏览与学习：

a）在首页可以浏览推荐内容，点击感兴趣的内容进行学习；

b）可以通过分类导航找到自己感兴趣的学习资源。

⑥加入学习小组：在首页或"强国通"中，可以查找并加入感兴趣的学习小组。

⑦参与活动与互动：在应用中参与各种学习活动，与其他用户互动交流。

⑧查看学习进度与积分：在个人中心可以查看自己的学习进度、积分和排名。

3. 典型案例

案例　老张的双碳节能攻坚战

【案例背景】

城西供电所的老张当了 10 年班组长，今年却碰上了硬骨头。片区里存在多台老旧变压器，尤其是某厂的那台老变压器整天发烫，供电公司的考核指标还添了新要求——既要保证不停电，又得把线损指标降下来。所长老周拿着红头文件找他："'双碳'政策落地，咱们所今年线损率必须降 1.5%，这可是政治任务！"

【问题/挑战】

晨会上，几个老师傅直摇头。"这政策听着像天书，既要马儿跑又要马儿不吃草。"检修班长老李吧嗒着烟斗。设备员小赵发愁："上个月线损率 6.8%，光变压器损耗就占三成，可某厂换新设备要等明年预算。"

【行动/措施】

周末党员活动日，老张把《碳达峰行动方案》摊在沾着油污的会议桌上。"同志们，咱们今天不念文件，就唠唠怎么把那台老旧变压器的损耗"。他在黑板上画了个大圆圈，"这政策好比家里过日子，不能光挣钱不攒钱。"

第二天，老张带着党员突击队开始"扫街"。他们像找金子似的在某厂车间转悠，还真发现了门道：三台备用电机全天待机，散热片积灰让变压器多耗电 5%，夜班照明能照出人影的过道就有五条。

"咱给设备定个'作息表'！"老张的土办法让大伙眼前一亮。早高峰推迟半小时启动大功率设备，午休关掉两排照明灯，夜班改用充电手提灯巡检。他还把车间划成五个"责任田"，党员包干负责，每周评比谁家的设备最"清爽"。

【案例结果】

3 个月后的季度会上，班组长老张举着线损报告真开心："线损率降到 4.9%，省出的钱够买三百箱矿泉水！"更让人惊喜的是某厂的车间变化：变压器温度降了 8℃，蜘蛛网在墙角绝了迹。年底评先进时，城西所捧回了"线损百强所"的称号。

【案例经验】

落实政策不是照本宣科，得把中央精神化成车间能听懂的话。党员带头不能光喊口号，得让大家看得见省下的真金白银。双碳节能这事，说到底是要把"公家事"变成"自家账"。

（二）"严格自律"能力要素提升策略

1. 行为表现

"严格自律"能力要素各级别行为表现要求见表4-6。

表4-6　　　　　　　　"严格自律"能力要素各级别行为表现要求

L1 入门级	1. 严格遵守法律法规及行业规章制度，对深层次的法律法规不够理解； 2. 基本可以完成上级交代的任务
L2 应用级	1. 严格遵守法律法规及行业规章制度，并不断补充学习新的规章制度，较好理解深层次的内容； 2. 认真学习补充相关专业内容，相对高效地完成自身工作
L3 拓展级	1. 严格遵守法律法规及行业规章制度，并及时对班组成员进行宣贯，帮助他们理解规章制度； 2. 认真对待每一次工作，做好本职工作的同时，帮助班组成员更快更好地完成工作； 3. 高效地完成上级布置的突发任务及本职工作
L4 指导级	1. 严格遵守法律法规及行业规章制度，帮助班组成员进行提升理解，不定时对班组成员进行规章制度抽查； 2. 高效的同时保质保量地完成工作；勇于承担困难工作，有开拓进取精神； 3. 不断提升自身能力。很好根据工作调整自身状态应对各种突发情况

2. 工具方法

（1）能力要素提升任务：见表4-7。

表4-7　　　　　　　　"严格自律"能力要素提升任务

分级	提升任务
L1 入门级	1. 不断学习新的行业规章制度，深入理解国家相关法律法规； 2. 每日进行锻炼，合理规划自身生活和工作，养成良好的生活习惯
L2 应用级	1. 坚持学习，学习新业务、新业态、新技能； 2. 面对不良诱惑时能保持本心，不被同化
L3 拓展级	1. 积极参加系统内安排的专业培训，补充自身； 2. 积极主动参与工作，完成基本任务的同时考虑好后续如何开展工作

分级	提升任务
L4 指导级	1. 全方位提升自己的能力，做到理论知识和实操能力相结合； 2. 积极参与各种比武，查漏补缺，补充短板； 3. 入选省公司专家库，作为专家参与制定新标准

（2）能力提升可用资源。

1）规章制度类：见表4-8。

表 4-8　　　　　　　　　　　规章制度类资源

国家法律法规	1.《中华人民共和国宪法》； 2.《国有企业劳动纪律管理制度》； 3.《中国共产党廉洁自律准则》
行业标准	《电力建设企业自律行为规范》（T/CEPCA1003-2024）
公司标准及规程规定	1.《国网电力职工规章制度》； 2.《国家电网有限公司总部工作规则》； 3.《国家电网有限公司员工服务"十个不准"》； 4.《国家电网有限公司专家人才管理办法（暂行）》

2）培训课程类：见表4-9。

表 4-9　　　　　　　　　　　培训课程类资源

内部课程	正风防腐就在身边 - 视频一国网浙江省电力有限公司公司官网
外部课程	1. 人人用得上的效率提升课 - 网易云课堂； 2. 自律——掌控自己的生活 - 三节课； 3. 21天人生规划训练营 -bilibili； 4. 如何克服拖延症 -51CTO学堂； 5. 52分钟精讲《自控力》-bilibili

3）书籍教材类：见表4-10。

表 4-10　　　　　　　　　　　书籍教材类资源

L1 入门级	《班组长管理手册》朱卫国，中国商业出版社
L2 应用级	《高效能人士的七个习惯》史提芬·柯维，中国青年出版社
L3 拓展级	《深度工作：如何有效使用每一点脑力》卡尔·钮波特，江西人民出版社
L4 指导级	《驱动力》[美]丹尼尔·平克，中国人民大学出版社

4）工具方法类。

a. 以身作则，影响他们。

b. 约束自我管理，日常学习补充新的知识。

c. 日常自我充实—与专家老师深入交流学习—不断提升自己—完成自我升华。

d. 科学运用自律实操工具：①《班组合规自检清单》（含 10 类高频违规风险点）；②《自律承诺看板》（公示个人改进目标与进度）；③《廉洁风险红黄牌预警表》等，通过可视化载体推动习惯养成。

3. 典型案例

案例　以身作则，改变他人

【案例背景】

小李在 2020 年入职某供电公司，经过几年的锻炼，被提拔至某供电所高压班班长。到供电所报到后，小李便发现高压班班内氛围一般，部分成员在做与工作不相干的事情。经过几天的观察，小李发现成员们做工作也以敷衍了事、得过且过的态度进行。劳动纪律也不太好，上下班时间不依公司规章制度来执行，存在迟到早退问题。

【问题/挑战】

如何改变班组成员在工作中懒散的做事风格，如何使整个班组成为一个优秀的班组，这是小李亟须解决的问题。例如：老孙是老员工，再过几年就要退休了。做事得过且过，能推则推，怎么样使他对工作重新焕发热情？小钱是新进员工，对待工作有热情，但休息时间比较喜欢打游戏，如何使他在工作中提升自己？

【行动/措施】

小李通过了解得知，由于以前的班长做事风格散漫，造成了现在整个班组懒散的工作风格。小李知道靠强制性的要求可能效果不大，他打算以身作则，以自身的态度来改变整个班组的氛围。一开始，小李每天准时上下班，认真对待每一个任务，在日常巡视过程中，不怕风吹日晒，仔细地巡视每一条线路。当工作完成后，在办公室休整时，多学习一些相关专业的内容，补充自身的同时，也能间接影响班组成员，在潜移默化中转变他们的工作态度。对待老孙，小李保持尊重的同时，不时请教老孙问题，使老孙感到自己的重要，渐渐地，老孙又激发出了新的热情。而对于小钱，小李则是根据同龄人的优势，与小钱一起约锻炼，带动小钱看书学习。使小钱成长，成为一个优秀的员工。

经过一段时间的相处，班组成员渐渐熟悉了小李的工作风格，知道了他不同于前任班长的作风，慢慢地也重新激发出了他们的工作热情，上下班也都很准时。闲暇之余，也能通过各种学习培训提升自己。

【案例结果】

小李他们班组逐渐成为一个可以攻坚克难的优秀的班组，多次受到上级领导的表扬，在各类突发事件的处理、各种保供电的活动中发挥出了标兵班组的作用，进而带动了其余兄弟班组的工作热情，使整个公司的生产队伍能力有了进一步的提升。小李通过自身的努力，在班组中展现良好的精神面貌，在闲暇空余时间中提升自己的同时影响了其他人。

在工作中，自律是一种非常重要的品质。他不仅能够提升自我，也可惠及他人，他能使人在繁杂的工作中得到更多的成就感。在生活和工作中，做到廉洁自律，公正廉明，以身作则，品德高尚，克己奉公，才能使自己成长为一个对国家、对企业有贡献的人。

【案例经验】

发现班组作风问题——思考作风问题从何而来——以自身自律，根据每个人的性格习惯解决问题——捏合整体，从而发挥出 1+1 大于 2 的作用。

（三）"时间管理"能力要素提升策略

1. 行为表现

"时间管理"能力要素各级别行为表现要求见表 4-11。

表 4-11　　　　　"时间管理"能力要素各级别行为表现要求

L1 入门级	基本了解年度重点工作
L2 应用级	1. 掌握年度重点工作细化要求，能按年度、季度、月度制定里程碑计划； 2. 每日的紧急任务能按照时间节点要求顺利完成
L3 拓展级	1. 针对临时性紧急任务，具备动态计划调整能力，并保质保量完成； 2. 一般任务按照计划时间节点能保障合理的推进进度，日常性结合能利用工作间隙提前完成
L4 指导级	1. 熟练掌握相关工作的交集点，以统筹结合的方式制定工作计划，并超前高质量完成； 2. 能充分研判工作重要性，并与工作时限相匹配，通过穿插并进的形式确保工作进度与目标要求相适应

2. 工具方法

（1）能力要素提升任务：见表 4-12。

表 4-12　　　　　"时间管理"能力要素提升任务

分级	提升任务
L1 入门级	1. 了解班组年度重点工作内容； 2. 开展时间管理学习，了解时间管理的重要性

分级	提升任务
L2 应用级	1. 制定年度工作计划并结合计划梳理形成本岗位日常工作清单； 2. 掌握时间管理小技巧，利用便条与备忘录，在忙碌中调配时间与精力
L3 拓展级	1. 设立目标，明确每日、每周、每月的工作重点和目标，确保工作的有序进行； 2. 掌握相关工作关联性，利用现有资源提升整体工作效率
L4 指导级	1. 结合目标任务，针对任务紧急程度顺序，确保各项工作有序推进； 2. 熟练掌握时间管理的方式方法，并养成良好的管理习惯

（2）能力提升可用资源。

1）规章制度类：见表4-13。

表4-13　　　　　　　规章制度类资源

国家法律法规	1.《中华人民共和国劳动法》； 2.《国务院关于职工工作时间的规定》
行业标准	1.《电力行业班组安全建设专项监管》； 2.《生产作业安全管控标准化工作规范》
公司标准及规程规定	《国网公司重点工作二十四节气表》

2）培训课程类：见表4-14。

表4-14　　　　　　　培训课程类资源

内部课程	国网课堂："智理"时间—时间管理的三方法四象限
外部课程	1. 你如何管理时间，就如何管理人生 | 做正确的事，永远比把事做正确更重要 - 微信公众号； 2.《高效时间管理》-51CTO学堂； 3. 工作，从时间管理开始 -51CTO学堂； 4. 24堂效率提升课_中国大学MOOC（慕课）； 5. 刻意学习：一万小时定律靠谱吗？ -bilibili

3）书籍教材类：见表4-15。

表4-15　　　　　　　书籍教材类资源

L1 入门级	《自控力》（美）凯利·麦格尼格尔，北京联合出版公司
L2 应用级	《习惯的力量》霍吉，当代中国出版社

续表

| L3 拓展级 | 《超高效时间管理》[美] 布莱恩·P.莫兰（BrianP. Moran）迈克·莱宁顿（Michael Lennington），清华大学出版社 |
| L4 指导级 | 《反时间管理》（美）里奇·诺顿，中译出版社 |

4）工具方法类。

a. **工具名称**：甘特图、燃进图、腾讯会议等。

b. **工具适用范围（使用场景）**：对整体进度、中间过程、反馈闭环、风险识别等全链条的时间管理体系。

c. **工具应用步骤**：见图4-1。

3. 典型案例

案例　多措并举，提升班组长时间管理能力

【案例背景】

在某供电所，班组长老张负责管理一个15人的供电服务团队。

【问题/挑战】

（1）紧急抢修协调：经常遇到多个区域同时报障的情况，老张过去会立刻亲自参与每一处故障的排查和协调工作，导致大量时间耗费在路途奔波和现场指挥单个故障处理上，使得其他事务被搁置。

（2）日常巡检安排：巡检工作原本应该按部就班进行，但由于缺乏合理规划，巡检人员有时会扎堆在某些区域，而有些区域巡检不及时，老张需要花费很多时间去重新调配人员，而且还会出现漏检的情况。

（3）报表与会议：每周需要向上级部门提交各种设备运行数据报表、安全报表等，老张总是等到截止日期前才匆忙整理，而且还要参加各种临时会议，这使得他的日常工作计划经常被打乱。

【行动/措施】

（1）故障处理方面：老张对团队成员进行了分层级的技能培训，培养了几个技术骨干。当有多个故障同时发生时，由技术骨干带领各自的小组分别前往不同区域处理故障，老张只负责整体的资源调度和重大问题的决策。这样，他在故障处理环节的时间从每天平均4h减少到约1~2h。

（2）巡检工作方面：制定了详细的巡检区域划分图和巡检时间表，根据设备重要性和故障率等因素合理分配巡检人员的工作任务，确保每个区域都能按时巡检。同时，利用巡检管理软件，实时监控巡检人员的位置和工作进度，减少了人员调配的时间。通过这些措施，巡检工作的效率提高了30%，老张用于巡检协调的时间从每周5h减少到2h左右。

项目进度管理工具

项目进度规划
与监控 ｛ 直观表明项目计划何时进行，进展与要求的对比，方便管理者弄清项目还剩下哪些工作要做，评估工作进度 ｝ 甘特图

燃起图 ｛ 多用于敏捷项目，显示新工作的增加速率，与燃尽图结合使用评估进度 ｝ 进度透明化

敏捷团队协作 ｛ 团队简短会议，快速分享昨日进展、今日计划及遇到的障碍，促进快速沟通和调整 ｝ 每日站会

关键链法(CCM) ｛ 在关键路径法基础上，考虑了资源限制和任务间依赖的缓冲时间，更实际地管理进度 ｝ 进度优化与资源平衡

进度与成本
综合控制 ｛ 综合考虑项目范围、成本和进度的方法，通过计算挣值、计划价值和实际成本来评估项目性能 ｝ 挣值管理(EVM)

项目进度网络图 ｛ 显示项目活动之间的逻辑关系，帮助识别关键路径，优化进度计划 ｝ 关键路径分析

敏捷进度管理 ｛ 设定固定周期(如迭代或冲刺)，在限定时间内完成预定工作量，促进快速迭代 ｝ 时间盒技术

滚动式规划 ｛ 长期目标粗略规划，短期目标详细规划，随着项目推进不断细化后续计划 ｝ 复杂或长期项目

日常进度监控 ｛ 实时跟踪任务状进，自动更新进度，支持团队协作 ｝ 进度跟踪工具

进度报告与评审会议 ｛ 定期总结项目进展，评估与计划的偏差，调整后续策略 ｝ 总体进度评估

风险管理 ｛ 记录项目中识别的所有风险，包括其概率、影响、应对措施和责任人，帮助预防进度延误 ｝ 风险登记册

浮动时间分析 ｛ 分析非关键路径上的任务有多余的时间可以利用或延迟，以调整资源分配 ｝ 进度灵活性管理

大型项目计划
与控制 ｛ 提供高级排程功能，包括资源平衡、成本估算、冲突检测等，以优化项目进度 ｝ 项目调度软件
(如Microsoft Project)

基线管理 ｛ 建立项目进度、成本或范围的初始基准，作为后续监控和比较的标准 ｝ 进度变更控制

问题管理 ｛ 记录项目中遇到的问题及其解决过程，确保问题不会成为进度瓶颈 ｝ 问题日志与跟踪系统

资源负荷图 ｛ 显示项目资源在时间上的分配情况，帮助识别过度分配或闲置资源，优化资源配置 ｝ 资源管理

质量与合规性监控 ｛ 定期或不定期检查项目管理过程和进度，确保符合既定标准和目标 ｝ 项目审计

协作平台 ｛ 实现实时通信、文件共享和集成第三方工具，提高团队协作效率 ｝ 沟通与信息同步

效率提升 ｛ 自动执行重复性任务，如数据收集、报告生成等，节省时间并减少人为错误 ｝ 自动化工具与脚本

项目回顾会议 ｛ 项目结束后召开，评估项目成功与失败之处，提炼经验教训，为未来项目提供指导 ｝ 持续改进

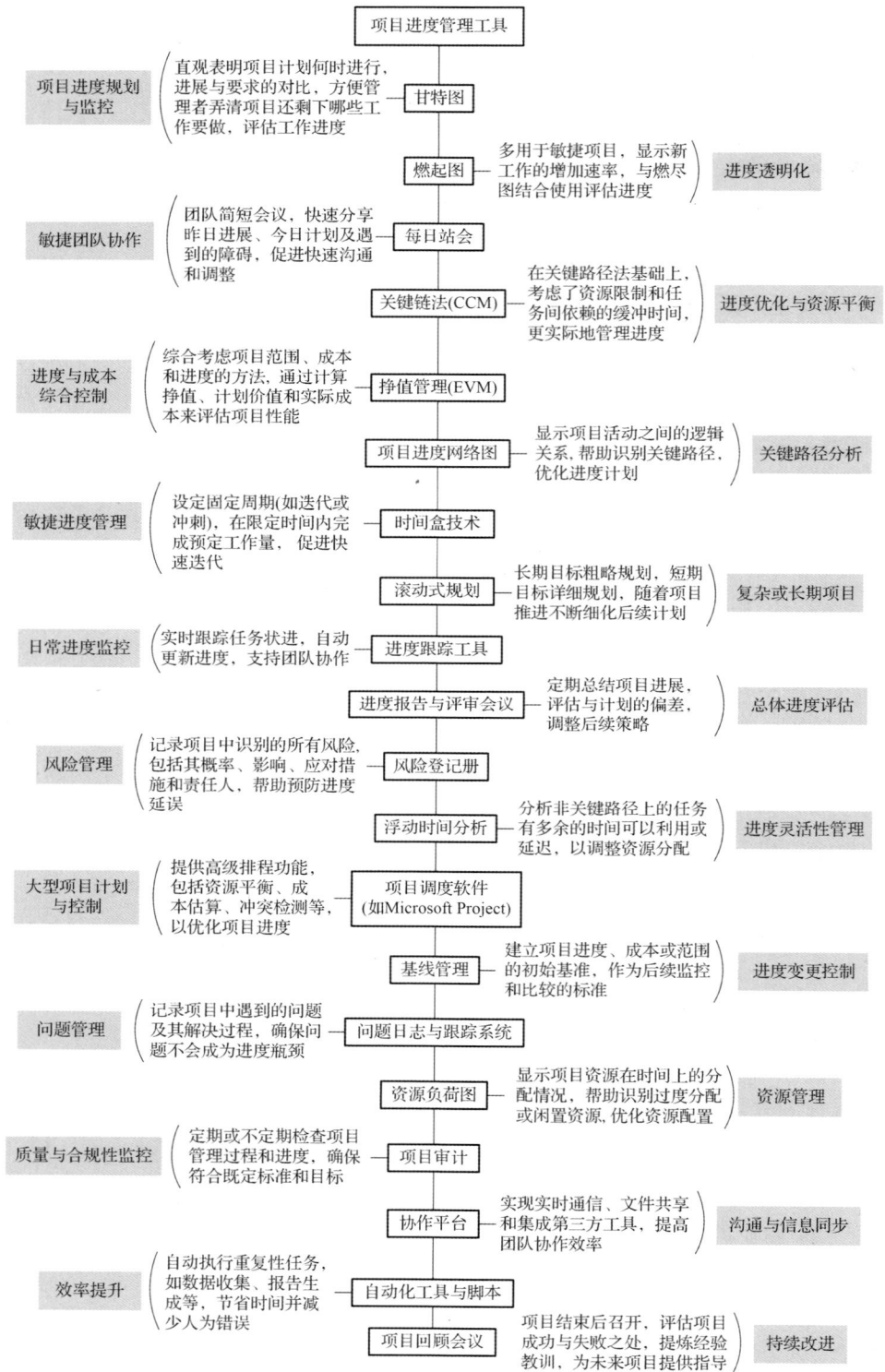

图 4-1 项目进度管理工具应用步骤

（3）报表与会议方面：老张专门安排一名组员在日常工作中负责收集和整理报表数据，他在每周初花 1~2h 进行数据审核和报表生成。对于会议，他和上级沟通，除非必要，尽量减少临时会议，并将一些可以合并的会议集中安排，这样避免了工作的碎片化。

【案例结果】

通过这些时间管理举措，老张能够更加有条不紊地管理供电所事务。供电所的故障平均修复时间缩短了 25%，巡检工作的覆盖率达到了 100%，老张也有了更多时间进行供电所的服务质量提升规划和团队成员的技能培训工作。

【案例经验】

（1）梳理耗时事项：梳理每日工作所花时间的具体事项。

（2）分析耗时原因：针对每个耗时事项进行穿透性分析耗时原因。

（3）找到应对方法：充分挖掘现有人力资源和工作提效的工具，进一步提高工作效率，提升管理质量。

本章总结

本章强调班组长的自我提升，包括政治理论学习、廉洁自律和时间管理。通过案例说明如何通过以身作则改变团队风气，运用时间管理工具平衡日常工作与突发任务，并将党的政策要求融入班组管理实践。

自我管理的终极目标是赋能团队成长。班组长的政治觉悟与自律意识需要转化为团队建设能力，通过梯队培养传承经验，借助文化凝聚统一价值观。例如，在"正值评定"考核中，管理者的时间规划能力直接影响培养计划的落地；在班组文化墙建设中，政治素养的渗透力决定了文化认同的深度。第五章将系统阐述如何通过差异化培训机制激活员工潜力，运用绩效激励工具强化协作效能，使个人能力辐射为组织战斗力，实现从"独善其身"到"兼济团队"的质变。

第五章　团队建设能力

一、能力认知：凝聚价值共识，建设坚强班组

（一）能力定义

团队建设能力是指班组长在组织中能够有效整合团队资源、激发团队成员潜力、营造积极团队氛围，以实现团队目标并提升团队整体绩效的能力。其内涵包括通过合理规划人员发展、优化协作流程、科学管理绩效及塑造独特团队文化等方面，促进团队成员之间的协同合作，提高团队的凝聚力和战斗力，使团队能够适应各种工作任务和挑战，不断发展壮大。

（二）能力构成要素

团队建设能力包含梯队建设、高效协作、绩效管理和文化建设四个紧密关联岗位职责的能力要素，共同助力班组长打造优质团队，保障班组工作顺利推进。

1. 梯队建设

梯队建设即班组长依据班组发展目标及成员的实际技能水平、发展潜力等情况，精心制定全面且具有前瞻性的人才培养规划，全力挖掘内部培训资源，并积极协调外部资源，为班组的长远发展提供坚实、可持续的人才支撑的能力。班组长作为班组的核心领导者，对班组的长期发展负有全面责任。梯队建设能力使其能够精准洞察团队未来发展所需的各类人才，通过合理规划培训路径和资源配置，为成员提供充足的成长空间和机会。这不仅有助于保障工作的顺利推进，还能为企业培养和储备更多优秀人才。

2. 高效协作

高效协作即班组长在充分考量现有资源状况及明确业务目标的基础上，清晰界定班内各个岗位的职责范围，依据成员的技能特长和工作负荷，科学合理地分配工作任务，并积极制定切实可行的协作策略和方式的能力。班组长在日常工作中承担着协调团队成员工作关系、确保工作高效运行的重要职责。高效协作能力帮助班组长深入了解每个成员的优势和短板，使工作分配更加科学合理。同时，通过优化协作流程和方式，提高成员之间的沟通效率和协作默契，是提升班组整体工作效能、实现团队目标的关键保障。

3. 绩效管理

绩效管理即班组长能够根据班组工作特点和成员实际表现，制定公平公正、切实可

行且动态优化的绩效方案，熟练运用各类绩效工具和激励手段，明确工作目标和考核标准，全力实现班组绩效目标的能力。班组长负责对班组成员的工作成果进行准确评价和有效管理，绩效管理能力使其能够建立一套科学、完善的绩效评价体系。通过合理设定绩效目标和考核指标，激励成员积极工作，提高工作效率和质量。同时，及时发现问题和不足，提供针对性的改进建议和发展方向，促进团队整体绩效的持续提升，是有效管理团队、推动工作进展、实现班组工作目标的重要手段。

4. 文化建设

文化建设即班组长通过积极倡导、身体力行等方式营造积极向上、团结奋进的团队氛围，引导班组成员树立共同的价值观、行为准则和团队愿景，精心打造具有鲜明特色和强大凝聚力的班组文化内涵的能力。班组长作为班组的引领者，对塑造班组的整体形象和工作氛围起着决定性作用。文化建设能力帮助班组长构建一个和谐、进取的团队环境，使成员在共同的文化理念引导下，自觉遵守团队规范，积极主动地为实现班组目标贡献力量。同时，富有特色的班组文化能够提升班组的对外形象和竞争力，促进班组的长远发展，是履行领导职责、凝聚团队力量、推动团队发展的核心要素。

二、能力提升：激活团队潜力，扩大班组势能

班组长作为基层管理核心，既是团队目标的践行者，更是团队潜能的激活者，提升班组长团队建设能力已成为激活团队势能、推动组织发展的关键引擎。结合电力班组的人员结构特性，通过强化目标管理、优化沟通机制、创新激励模式和创造文化价值，班组长能够将个体力量转化为协同创新的集体智慧，实现从"被动执行"到"主动突破"的跨越式发展。本节将基于能力分级标准、阶段提升任务、可用提升资源、标杆班组案例四大板块，详解如何成为优质坚强班组的班组长。

（一）"梯队建设"能力要素提升策略

1. 行为表现

"梯队建设"能力要素各级别行为表现要求见表 5-1。

表 5-1　　　　　　"梯队建设"能力要素各级别行为表现要求

L1 入门级	1. 基本掌握本班组内组织架构； 2. 根据员工技术技能档案基本掌握年度培训课程
L2 应用级	1. 在掌握组织架构基础上，在工作中充分了解班员； 2. 在条件允许的情况下，能协调班组内外资源补强培训设施
L3 拓展级	1. 在全面了解班员技能基础上制定具有时间节点和目标的培养计划； 2. 具备培训导师选择以及培训课程制定能力

续表

L4 指导级	1. 根据差异化培养计划，充分挖掘内部教培资源或协调借助外部资源开展技能补强培训； 2. 熟练并合理安排培训可能，有效缓解工学矛盾，保证培训质量

2. 工具方法

（1）能力要素提升任务：见表 5-2。

表 5-2　　　　　"梯队建设"能力要素提升任务

分级	提升任务
L1 入门级	1. 积极参加内外部培训管理课程，掌握培训管理的基础要点； 2. 梳理班员现有技术能力等级，掌握全员技能水平
L2 应用级	1. 结合日常工作梳理出每个人的技能薄弱项； 2. 开展全员技能需求摸排，形成课程清单
L3 拓展级	1. 绘制每名员工技能成长导航图，并标注培训时间、测试时间、目标要求等关键信息； 2. 结合日常工作，梳理形成班组年度培训计划方案，并尽可能减少工学矛盾
L4 指导级	将员工培训结果与个人绩效有机结合，进一步激发员工自主学习动力

（2）能力提升可用资源。

1）规章制度类：见表 5-3。

表 5-3　　　　　规章制度类资源

国家法律法规	1.《中华人民共和国劳动法》； 2.《国家职业技能标准》
行业标准	《电力行业高技能人才培训基地建设标准》
公司标准及规程规定	1.《国家电网公司员工教育培训管理办法》； 2.《国网浙江省电力公司班组建设管理办法》； 3.《国网浙江省电力公司班组建设基层联络员管理办法》； 4.《关于加强供电企业生产一线班组建设的若干意见》

2）培训课程类：见表 5-4。

表 5-4　　　　　培训课程类资源

内部课程	2023 年培训管理者培训班第二期—国网学堂

续表

外部课程	1. 培训体系建立与培训管理 -bilibili； 2. 90 分钟带你掌握企业人才梯队建设方法及技巧 -bilibili； 3. 企业数字化人才梯队与培养 -51CTO 学堂； 4. 如何提升团队战斗力 -51CTO 学堂； 5. 卓越领导力建设，打造高绩效团队 - 网易云课堂

3）书籍教材类：见表 5-5。

表 5-5　　　　　　　　　　书籍教材类资源

L1 入门级	《电工技能与培训》彭克发，彭丽娟，中国电力出版社
L2 应用级	《全能型乡镇供电所建设知识读本》刘铜锁，中国电力出版社
L3 拓展级	《电力企业员工管理能力培训教材》闫雅馨，中国电力出版社
L4 指导级	《电网企业员工职业发展通道建设与管理》国网浙江省电力有限公司，中国电力出版社

3. 典型案例

案例　供电所（班组）能级通道建设

【案例背景】

　　班长王某发现，近年来供电所基层班组成员中老年员工所占比例逐渐增大，而年轻员工补充不足，导致整体人员结构老龄化。班组长职务基本已占满，新员工看不到奋斗希望。同时在基层的教育培训工作及有效的激励机制未完善。

【问题 / 挑战】

　　基层供电所班组人员存在老龄化、员工成长通道有限、技能提升动力不足，在工作状态、质量及工作积极性上呈现停滞不前的情况。

【行动 / 措施】

　　班长王某发现目前员工上升通道存在堵塞问题，于是构建基于"技能 + 业绩"的能级通道，拓宽员工发展空间。首先是合理设置发展层级。除供电所三大员、班组长成长通道外，由低到高依次设立一级至八级能级发展通道，逐级明确评审标准和必备条件，打造"职务晋升、能级评聘"双路径成长体系，破解优秀员工"过早触及职业天花板"的困境。综合员工规模、工资结构等因素，以金字塔结构设定各能级人数比例，形成科学合理的发展晋升通道。

　　针对员工的技能成长问题，班长王某着眼"技能"提升，注重培评结合强技提能。制定岗位技能标准库。紧扣核心业务"干得了、干得好"，结合员工业务短板、技能弱项，按照设备主人、台区经理等四种典型岗位，分专业从低到高制定必备、基础、提升三类 41 项技能标准库及评价标准。打造分层级培训模式。制定全员技能提升作战图，以"周培月考"实现以考促训、以干促培。建立"思想＋技能"双导师库，对技能薄弱员工精准开展"师带徒"定向结对、帮扶。做细全员技能考评。根据岗位技能标准库，从低到高差异化制定各能级技能考评范围与标准，开展年度"人人过关"技能考评，结果挂钩能级员工评定。注重营配技能融合，在能级三级及以上逐级递增考评科目，五级及以上设备主人和台区经理采用考评科目相互覆盖。

为了能让大家主动学习，班长王某注重培评结合强技提能。制定岗位技能标准库。紧扣核心业务"干得了、干得好"，结合员工业务短板、技能弱项，按照设备主人、台区经理等四种典型岗位，分专业从低到高制定必备、基础、提升三类 41 项技能标准库及评价标准。做优二级绩效执行。成立所内二级绩效小组，建立绩效看板、面谈和申诉机制，保障全员知情权和参与度，确保绩效分配公正、合理、透明。按照月度绩效占比 80%、年度综合测评占比 20% 纳入能级员工业绩评价积分，将业绩评价向干得多、干得好的员工倾斜。

【案例结果】

班组成员除了有职务通道，又增加了能级通道，进一步拓宽了员工的撑场空间。同时，通过人人过关技能评定进一步增强了员工主动学习的积极性，形成了人人好学的良好氛围。

【案例经验】

（1）拓宽发展通道：梯队建设的关键是员工有目标、有方向，在职务通道受阻的情况下开辟新的能级通道能充分调动员工的向上进取心。

（2）开展能级评价：建立能级评定机制，且通过动态评价的形式，督促员工常态化保持学习的习惯。

（3）关联绩效考核：评价情况以高占比纳入绩效，充分调动员工学习技能的积极性，让整个机制拥有可持续的动能。

（二）"高效协作"能力要素提升策略

1. 行为表现

"高效协作"能力要素各级别行为表现要求见表 5-6。

表 5-6 "高效协作"能力要素各级别行为表现要求

L1 入门级	1. 能够基本完成团队协作工作； 2. 能够简单进行工作分配，协调班组成员，完成工作任务
L2 应用级	1. 能够较好地完成需要团队协作的工作； 2. 能够根据工作量进行任务分配，顺利完成工作任务

续表

L3 拓展级	1. 主动协调班组内部力量，优秀完成团队协作工作； 2. 能够利用科学工器具进行任务分配，减少资源浪费
L4 指导级	1. 能够充分挖掘团队个体能力，提升团队整体工作能力； 2. 能够协调利用外部资源，促进班组任务和目标的达成

2. 工具方法

（1）能力要素提升任务：见表 5-7。

表 5-7　　　　　　　　　"高效协作"能力要素提升任务

分级	提升任务
L1 入门级	1. 每日进行团队管理方面的理论知识学习； 2. 根据任务完成情况，每日进行工作总结； 3. 简单了解班组成员能力
L2 应用级	1. 每周组织团队交流会，尝试理论知识结合实际应用； 2. 每周组织工作计划与实际实施情况分析会，查找差距； 3. 基本了解班组成员能力，有目的地分配工作任务
L3 拓展级	1. 建立班组成员能力等级表，能够对应项目有针对性地给员工分配工作任务； 2. 学习利用在线文档等科技手段合理安排资源
L4 指导级	1. 每季度组织班组内部技能评比展示，选出班组技能带头人； 2. 定期组织团队拓展活动，形成团结向上的工作氛围； 3. 利用不定期邀请上级领导、职能部门到所里指导工作的机会，根据班组实际争取装备配备，以便更好地完成各项工作

（2）能力提升可用资源。

1）规章制度类：见表 5-8。

表 5-8　　　　　　　　　规章制度类资源

国家法律法规	1.《中华人民共和国电力法》； 2.《中华人民共和国公司法》
行业标准	《电力行业班组安全建设专项监管》
公司标准及规程规定	1.《浙江省电力公司班组民主管理指导意见》； 2.《国网浙江省电力公司班组建设管理办法》； 3.《国网浙江省电力公司班组式业主项目部建设管理实施细则》

2）培训课程类：见表 5-9。

表 5-9　　　　　　　　　培训课程类资源

内部课程	1. 提升职业素养的六种意识之协作意识培养国网学堂； 2. 跨部门高效沟通与协作国网学堂； 3. 如何让同事心甘情愿协作你国网学堂
外部课程	1. 团队管理视频 ISBN978-7-88017-766-4- 中经录音录像中心出版发行； 2. 高效协作 -MOOC 中国； 3. 跨部门协作的常见障碍 -51CTO 学堂； 4. 跨部门协作障碍：6 大表现 +3 种类型 +3 类原因 +15 个策略 _ 工作 - 搜狐； 5. 团队沟通秘籍：6 步解锁高效协作！ -bilibili

3）书籍教材类：见表 5-10。

表 5-10　　　　　　　　　书籍教材类资源

L1 入门级	《不懂带团队你就自己累》秋泉，吉林文史出版社
L2 应用级	《领导力 21 法则》约翰·麦克斯维尔，文汇出版社
L3 拓展级	《小团队管理的 7 个方法》任康磊，人民邮电出版社
L4 指导级	《刷新：重新发现商业与未来》[美] 萨提亚·纳德拉，中信出版社

4）工具方法类。

工具　SWOT 分析法

a. **工具定义**：SWOT 分析法即态势分析法，就是将与研究对象密切相关的各种主要内部优势、劣势和外部的机会和威胁等通过调查列举出来，并依照矩阵形式排列，然后用系统分析的思想把各种因素相互匹配起来加以分析，从中得出一系列相应的结论，而结论通常带有一定的决策性。

b. **工具应用步骤**：

①按 OT、SW 的顺序列出优势、劣势。OT 强调外部竞争，SW 强调自身优势劣势。

②进行组合：按 SO（利用优势、抓住机会）、WT（扭转劣势，规避风险）、WO（消除不足抓住机会）、ST（利用优势规避风险），尽可能多地拟出策略。

③确定优先级，拟定行动计划。

在项目管理中运用 SWOT 分析法，可以对项目当前所处的情况进行全面、系统、准确地研究，从而根据研究结果制定相应的发展战略、计划以及对策等。

所以，SWOT 分析法常常被用于项目管理，制定集团发展战略和分析竞争对手情况。在战略分析中，它是最常用的方法之一。

3. 典型案例

案例一　齐心协力共进退

【案例背景】

班组成员每天早上查看任务计划表，查询到自己的工作任务后，领取自己的工器具，出发完成自己的工作。

【问题 / 挑战】

某天所长下午临时接到一项重要保供电任务，时间紧，任务重，且很多员工还在外面工作，人员力量不足。

【行动 / 措施】

所长在接到任务后，首先对任务内容进行了分析，主要包括临时线路的搭接，转供。其中涉及的人员包括施工人员、材料准备人员、后勤保障人员等。根据这种情况，班长召集了全部在所人员进行紧急会议。

会议上副所长首先明确了工作任务，并对目前存在的困难进行了分析并提出了建议：人员力量不足，需把今日休息的员工召集回来；施工所需的电缆长度不足，需联系其他局其他部门进行调配；工作需要进行到深夜，需要临时照明设施；后勤保障问题共4 个问题。

所长在会议上同时提出解决方案，针对人员力量不足的问题，部分不是非紧急的工作先暂停，由技术员统筹协调安排，把人员集中起来；电缆由材料员进行协调，要保证在施工前供应到现场；由一班长负责临时照明设施的安装，确保不影响夜间施工；由综合班负责夜间施工后勤保障工作。

会后，全所人员都行动起来，召集人员，联系材料设备等物资，然后出发到施工现场。在施工现场，每个人都各司其职，全身心地投入工作中去，大家不怕苦、不怕累，把工作顺利完成。

【案例结果】

所里圆满完成上级部门下达的保供电任务。

【案例经验】

（1）把问题产生的原因分析到位。

（2）要充分采纳当事双方的意见。

（3）处理意见要充分考虑当事人现实忧虑，为其解惑，并采取针对性的安排。

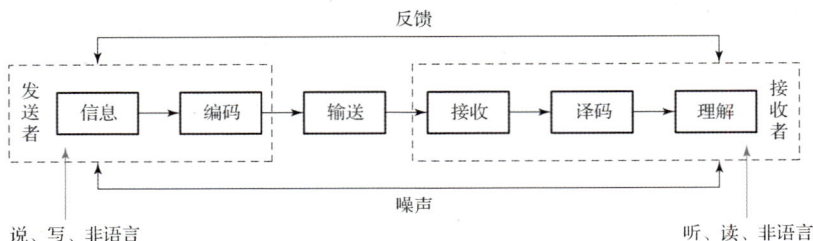

沟通的模型过程图

案例二　消除隐患促进工作推进

【案例背景】

上级部门对某供电所开展了安全大检查，并提出了诸多问题，要求限期整改。

【问题/挑战】

班长安排老刘负责问题的整改工作，但老刘认为这些问题有些日常不是他负责管理的，不愿意进行整改。问题反馈至所长处。

【行动/措施】

根据反馈情况，所长把班长叫到了办公室，询问当时安排老刘负责该项目的原因。班长答复说是考虑到近期老刘负责的工作不是特别忙，并且老刘的能力可以满足工作要求。

所长单独把老刘叫到了办公室，询问不愿意负责的原因。老刘说很多问题所在工作都不是他原来负责的，按照道理应该谁的问题谁整改，并且如果自己去做了，要是做得不好，还有可能导致自己被处罚。

所长的做法：对上级部门下发的问题清单同老刘一起逐条进行了复盘，分析了问题的原因及准备采取的整改措施；分析了问题的责任人；并把所里近期的工作同老刘进行了分享，包括其他同志正在负责的工作，以及班长把这项工作安排给他的原因。

所长同时对老刘表示：一是问题整改是一项非常严肃的工作，要保质保量地完成，而且这不是某个人的工作，是所里共同的工作，是所里每个人都应该做的工作；二是班长把工作安排给你，是对你个人能力的一种信任，为什么他不安排别人，要安排老刘你来负责这项工作；三是针对你的担忧，所里会下发要求，在涉及问题整改的时候，其他人要全力配合你；四是如果不是由于你的原因引起的整改不到位，所里不追究你的责任，而是追究当事人的责任，不对你进行绩效考核。

老刘听了所长的话后，表示自己会转变观念，尽全力把这项工作做好。

【案例结果】

在老刘的协调和全所其他人员的配合下，圆满地完成了问题整改工作。

【案例经验】

（1）高效协作需要考虑多方面因素。

（2）协作前应处理好内外部矛盾，真正形成合力。

（三）"绩效管理"能力要素提升策略

1. 行为表现

"绩效管理"能力要素各级别行为表现要求见表5-11。

表5-11 "绩效管理"能力要素各级别行为表现要求

L1 入门级	1. 熟悉并了解本班组二级绩效方案； 2. 能够根据班组二级绩效方案，计算各班员绩效分配
L2 应用级	1. 能制定公平公正、符合实际的班组二级绩效方案； 2. 能定期进行绩效评估，并且根据新工作、新要求定期滚动修订绩效方案
L3 拓展级	1. 能够主动学习绩效管理工具，并应用到班组二级绩效方案中； 2. 能够根据自己的理解发现班组绩效管理中的不足点并提出改进意见
L4 指导级	1. 能有效利用各类绩效激励手段，使班组能完成绩效目标； 2. 能总结提炼绩效制定的典型案例或通用思路，并指导其他班组开展绩效方案实施

2. 工具方法

（1）能力要素提升任务：见表5-12。

表5-12 "绩效管理"能力要素提升任务

分级	提升任务
L1 入门级	1. 学习并了解班组二级绩效方案，明确考核目的、对象、内容、周期等； 2. 根据班组二级绩效方案实施周期进行绩效分配
L2 应用级	1. 了解本班组人员、现场设备等基本情况，清楚班员岗位职责和工作流程，评估绩效合理性； 2. 了解公司一级绩效方案、学习公司下达的指标要求，根据总体绩效目标变化，明确本班组绩效目标，对本班组二级绩效方案修订
L3 拓展级	1. 了解绩效管理的本质、全过程管理，学习MBO、KPI、BSC等绩效管理工具，并在班组二级绩效管控过程中应用管理工具、方法，科学管理班组二级绩效； 2. 充分征求组内意见，将班组二级绩效结果与班组人才晋升评定相结合，拓展绩效结果应用

分级	提升任务
L4 指导级	1. 参加公司班组绩效分析会、经验交流会，学习借鉴其他班组优秀二级绩效方案，分享自己的绩效管理经验； 2. 定期总结提炼形成绩效典型案例； 3. 指导参与其他班组二级绩效制定，提出建议

（2）能力提升可用资源。

1）规章制度类：见表 5-13。

表 5-13　　　　　　　　规章制度类资源

国家法律法规	1.《国家电网公司员工奖惩规定》； 2.《国家电网公司绩效管理办法》
行业标准	1.《电力企业员工绩效考核方案准则》（GD2010-34）； 2.《电力企业卓越绩效标杆评价与改进》（DL/T　2823—2024）
公司标准及规程规定	1.《国家电网有限公司绩效管理办法》； 2.《国网供电公司全员绩效管理实施细则》； 3.《国家电网有限公司高级管理人员经营业绩考核和薪酬管理办法》

2）培训课程类：见表 5-14。

表 5-14　　　　　　　　培训课程类资源

内部课程	1. 打造高绩效团队（国网学堂）； 2. 绩效考核要"功劳"不要苦劳（国网学堂）； 3. 柔性组织（团队）绩效提升的方法与策略（国网学堂）
外部课程	1. 绩效管理公开课 - 东北财经大学 -bilibili； 2. 用游戏给你讲清楚绩效设计的底层逻辑 -bilibili； 3. OKR 绩效管理应用介绍 -bilibili； 4. 向阿里学习以业务为导向的绩效管理 -51CTO 学堂； 5. 新晋管理者，如何打造高绩效团队 - 网易云课堂

3）书籍教材类：见表 5-15。

表 5-15　　　　　　　　书籍教材类资源

L1 入门级	《关键绩效指标：KPI 的开发、实施和应用》[美] 戴维·帕门特（David Parmenter），机械工业出版社

L2 应用级	《OKR 工作法》[美] 克里斯蒂娜・沃特克（Christina Wodtke），中信出版社
L3 拓展级	《影响力》[美] 罗伯特・西奥迪尼，北京联合出版公司
L4 指导级	《卓有成效的管理者》[美] 彼得・德鲁克，机械工业出版社

4）工具方法类。

工具一　MBO

a. **工具定义**：目标管理（Management by Objective）亦称成果管理，俗称责任制，是以目标为导向，以人为中心，以成果为标准，使组织和个人取得最佳业绩的现代管理方法。

b. **工具适用范围（使用场景）**：目标管理最为广泛地应用在企业管理领域。企业目标可分为战略性目标、策略性目标及方案、任务等。一般来说，经营战略目标和高级策略目标由高级管理者制定；中级目标由中层管理者制定；初级目标由基层管理者制定；方案和任务由职工制定，并同每一个成员的应有成果相联系。自上而下的目标分解和自下而上的目标期望相结合，使经营计划的贯彻执行建立在职工的主动性、积极性的基础上，把企业职工吸引到企业经营活动中来。

c. **工具应用步骤**：由于各个组织活动的性质不同，目标管理的步骤可以不完全一样，但一般来说，可以分为以下四步。

①建立一套完整的目标体系。实行目标管理，首先要建立一套完整的目标体系。这项工作总是从企业的最高主管部门开始的，然后由上而下地逐级确定目标。上下级的目标之间通常是一种"目的一手段"的关系；某一级的目标，需要用一定的手段来实现，这些手段就成为下一级的次目标，按级顺推下去，直到作业层的作业目标，从而构成一种锁链式的目标体系。

②明确责任。目标体系应与组织结构相吻合，从而使每个部门都有明确的目标，每个目标都有人明确负责。然而，组织结构往往不是按组织在一定时期的目标而建立的，因此，在按逻辑展开目标和按组织结构展开目标之间，时常会存在差异。其表现是，有时从逻辑上看，一个重要的分目标却找不到对此负全面责任的管理部门，而组织中的有些部门却很难为其确定重要的目标。这种情况的反复出现，可能最终导致对组织结构的调整。从这个意义上说，目标管理还有助于搞清组织机构的作用。

③组织实施。目标既定，主管人员就应放手把权力交给下级成员，而自己去抓重点的综合性管理。完成目标主要靠执行者的自我控制。如果在明确了目标之后，作为上级主管人员还像从前那样事必躬亲，便违背了目标管理的主旨，不能获得目标管理的效

果。当然，这并不是说，上级在确定目标后就可以撒手不管了。上级的管理主要表现在指导、协助，提出问题、提供情报，以及创造良好的工作环境方面。

④检查和评价。对各级目标的完成情况，要事先规定期限，定期进行检查。检查的方法可灵活地采用自检、互检和责成专门的部门进行检查。检查的依据就是事先确定的目标。对于最终结果，应当根据目标进行评价，并根据评价结果进行奖罚。经过评价，使得目标管理进入下一轮循环过程。

工具二　KPI

a. 工具定义：KPI（Key Performance Indicators）是关键绩效指标，又称主要绩效指标、重要绩效指标，是通过对组织内部流程的输入端、输出端的关键参数进行设置、取样、计算、分析，衡量流程绩效的一种目标式量化管理指标，是把企业的战略目标分解为可操作的工作目标的工具，是企业绩效管理的基础。

b. 工具适用范围（使用场景）：KPI 可以使部门主管明确部门的主要责任，并以此为基础，明确部门人员的业绩衡量指标。建立明确的切实可行的 KPI 体系，是做好绩效管理的关键。它用于衡量工作人员工作绩效表现的量化指标，是绩效计划的重要组成部分。KPI 可以把个人和部门的目标与公司整体的目标联系起来，对于管理者而言，阶段性地对部门/个人的 KPI 输出进行评价和控制，可引导正确的目标发展，集中测量公司所需要的行为，定量和定性地对直接创造利润和间接创造利润的贡献作出评估。

c. 工具应用步骤：KPI 系统是一个纵向的指标体系，应用时先确定公司层面关注的 KPI，再确定部门乃至个人要承担的 KPI。由于 KPI 体系是经过层层分解，这样就在指标体系上把战略落到"人"了。而要把战略具体落实，需要"显性化"，要对每个层面的 KPI 进行赋值，形成一个相对应的纵向的目标体系。所以，在落实战略时有"两条线"：一条是指标体系，是工具；另一条是目标体系，利用指标工具得到。

工具三　BSC

工具应用步骤：

①定义企业战略。BSC 应能够反映企业的战略，因此有一个清楚明确的能真正反映企业远景的战略是至关重要的。由于 BSC 的四个方面与企业战略密切相关，因此这一步骤是设计一个好的 BSC 的基础。

②就战略目标取得一致意见。由于各种原因，管理集团的成员可能会对目标有不同的意见，但无论如何必须在企业的长远目标上达成一致。另外，应将 BSC 的每一个方面的目标数量控制在合理的范围内，仅对那些影响企业成功的关键因素进行测评。

③选择和设计测评指标。一旦目标确定，下一个任务就是选择和设计判断这些目标是否达到的指标。指标必须能准确反映每一个特定的目标，以使通过 BSC 所收集到

的反馈信息具有可靠性。换句话说就是：BSC中的每一个指标都是表达企业战略的因果关系链中的一部分。在设计指标时，不应采用过多的指标，也不应对那些企业职工无法控制的指标进行测评。一般在BSC的每一个方面中使用3或4个指标就足够了。超出4个指标将使BSC过于零散，甚至会变得不起作用。其设计的指导思想是简单并注重关键指标。

④制定实施计划。要求各层次的管理人员参与测评。这一步骤也包括将BSC的指标与企业的数据库和管理信息系统相联系，在全企业范围内运用。

⑤监测和反馈。每隔一定的时间就要向最高主管人员报告BSC的测评情况。在对设定的指标进行过一段时间的测评，并且认为已经达到目标时，就要设定新的目标或对原有目标设定新的指标。

3. 典型案例

案例一　高效科学建立班组二级绩效

【案例背景】

某班组没有组内二级绩效，无论对于上级的绩效扣罚还是奖励都采取"大锅饭"平均分配的方式兑现。

【问题/挑战】

对于某次专业部门下发的奖励，班长准备继续平均分配，组内成员对此颇有微词，认为分配方式不合理。有人认为自己在这项工作中承担了较多的工作量，应该分配更多的奖励；有人认为部分成员基本没有参与该项工作，不应该参与该奖励的分配；有人提出个别成员在该项工作中出现纰漏，应该对其进行扣罚。在这种情况下，班组内没有一套能公平公正的二级绩效方案，继续平均分配将严重影响工作积极性及组内工作氛围，需尽快建立合理的班组二级绩效实施方案。

【行动/措施】

班长了解了一下公司内部其他班组的二级绩效建立情况、应用情况等，发现相邻班组的二级绩效备受其他班组推崇，同时横向对比各班组二级绩效方案，发现相邻班组的绩效方案更为翔实，计算方法更为科学。

班长前往相邻班组调研学习，询问班组内班员情况，初步了解其二级绩效开展方案后，立即开展组内二级绩效的方案编制工作。

首先汇总统计班组内所有工作，对每项工作开展流程梳理，理清工作具体任务、时间成本等内容。

其次通过工作流程梳理，形成一套组内班员均认同的工作工分统计标准，用于衡量各项工作的工作量，方便后续统计班员工作量，并充分征求班组内成员意见。

接着，统计每项工作对公司绩效的影响程度，设定工作差错的扣罚金额。

然后，在绩效方案建立过程中，班长发现可以通过梳理榜样的方式拓展绩效管理。班长在二级绩效方案中加入：通过组内互评的方式，每季度选出 1 名"绩效之星"，额外给予一笔固定金额的奖励；将绩效评估结果作为班组内评优的依据等内容。这些绩效手段是其他班组绩效方案中所没有的。

最后，班长将二级绩效方案初稿及测算近 3 个月分配金额一同提交至公司人力资源部，根据专业部门意见建议进行修改后，在班组内进行公示。组内成员根据近 3 个月测算分配金额，发现分配金额跟实际工作量十分符合、各项影响因素均考虑充分。

【案例结果】

二级绩效方案建立并实施后，极大程度提高组内班员工作积极性，工作氛围融洽和谐。做得多的班员能拿到的钱更多；人为责任导致的工作差错将受到扣罚；该班组整体同业对标排名显著上升。

【案例经验】

在本次案例中，该班组在绩效方案建立过程中采取了以下措施：

（1）设立明确的岗位职责和权责清单，使班员能够清楚地了解自己的工作职责，避免了工作任务的重复和冲突，提高工作效率。

（2）应用了"工分制"等科学手段，使绩效方案更加科学合理，可以客观评估员工的工作表现和绩效水平。

（3）提供晋升途径和选树榜样，使班员能够激发工作动力和创造力，提高班员工作积极性和投入度。

案例二　"正值"评定考核的成功实践

【案例背景】

许某是某部门的班组长，为了进一步提高班组成员的理论水平和专业岗位技能，提升整个班组的工作效率，他想调整班组中的岗位结构，为班组成员区分正值、副值岗位。

【问题/挑战】

在班组成员中，工作能力和技能水平的差异是客观存在的。为了确保评选过程的公正性和合理性，必须对参选人员进行严格的资格审查和能力测评。

【行动/措施】

许某找到部门领导，反映了目前班组的现状并提出为班组成员评定正值的想法，以激励班组成员"学技术、练本领、比技能"，激发班组成员学习意向，不断提高自身素质。部门领导认真听取了许某的汇报后，对许某的建议表示了肯定。在得到领导批准后，许某组织了讨论会，和班组成员一起商讨了评定标准的制定，确保这些标准既公平又具有挑战性。后续许某还组织了一系列的理论知识学习和实操演练，鼓励班组成员在实践中学习，在学习中提高。

在一定时间的学习后，许某邀请领导成立了考评小组，开展正值、副值评定考核。

考核过程严格而公正，确保每位班组成员都能在公平的条件下展示自己的技能水平。考核内容涵盖了理论知识、实操技能及团队协作能力，旨在全面评估班组成员的综合素质。

许某在考核现场来回巡视，确保考核过程顺利进行。考核过程中，班组成员们展示了自己在理论学习和实操演练中的成果，有的成员在设备维修方面表现出色，有的则在故障排除方面技高一筹。

经过紧张而有序的考核，考评小组最终确定了班组成员的正值和副值名单。

【案例结果】

这次考核不仅为获得"正值"的班组成员争取了更高的待遇，更激发了班组成员的学习热情，提高了班组整体素质。班组成员们意识到了个人努力与团队荣誉之间的紧密联系，从而更加积极地投入日常的工作和学习中。班组内部形成了良好的竞争氛围，每个人都在努力提升自己的技能和知识水平，以期在未来的考核中取得更好的成绩。这种积极向上的风气不仅提升了班组成员的个人能力，也促进了班组整体的协作和效率，为公司的发展注入了新的活力。

【案例经验】

通过这次考评，可以看到班组长在团队管理中的积极作用，以及通过考核激励团队成员提升自身素质的有效方法。

（四）"文化建设"能力要素提升策略

1. 行为表现

"文化建设"能力要素各级别行为表现要求见表5-16。

表5-16　　　　　"文化建设"能力要素各级别行为表现要求

L1 入门级	1. 融入本班组工作氛围较为缓慢； 2. 以个人的行动准则和价值取向带领班组
L2 应用级	1. 能够了解班组人员日常习惯、工作状态、性格特征等情况； 2. 能够针对现有环境提出有价值的团队建设意见
L3 拓展级	1. 引导班组成员在日常工作中遵循共同的价值观； 2. 能够因地制宜打造具有地域团队特色的班组文化内涵

续表

L4 指导级	1. 能够建立开展各类兴趣和专业方向的学习班组； 2. 能够在班组中树立优秀榜样，表彰先进事迹，可以激发班组成员的积极性和创造力

2. 工具方法

（1）能力要素提升任务：见表 5-17。

表 5-17　　　　　"文化建设"能力要素提升任务

分级	提升任务	
L1 入门级	1. 带领班组人员学习了解企业文化； 2. 明确班组工作目标，并将其分解为具体的个人任务	
L2 应用级	1. 设立班组内部沟通交流机制，定期分享工作心得和生活趣事； 2. 建立绩效体系，定期对班组人员的工作表现进行评价	
L3 拓展级	1. 定期组织团队建设活动； 2. 打造班组文化墙，展示班组的价值观、目标和优秀人员事迹	
L4 指导级	1. 制定学习计划，鼓励班组人员不断提升专业技能； 2. 设立奖励机制，对表现优秀的人员进行表彰和奖励	

（2）能力提升可用资源。

1）规章制度类：见表 5-18。

表 5-18　　　　　规章制度类资源

国家法律法规	1.《中华人民共和国电力法》； 2.《中华人民共和国安全生产法》
行业标准	1.《电力安全工作规程》； 2.《电力生产事故调查规程》； 3.《中国电力企业联合会关于加强电力企业文化建设的指导意见》
公司标准及规程规定	1. 国网安全生产作业规程； 2.《国家电网公司企业文化建设管理办法》； 3. 国网浙江省电力公司《员工职业发展手册》

2）培训课程类：见表 5-19。

表 5-19　　　　　培训课程类资源

内部课程	1.《国家电网企业文化手册》； 2.《企业文化"软管理"不可缺》（国网学堂）； 3.《文化建设－以文聚力，书写文明新篇》（国网学堂）

续表

外部课程	1.《阿里巴巴的文化构建与落地：企业内文化的建设》许林芳 –bilibili； 2. 以文化为驱动的团队建设 – 宾夕法尼亚大学 –bilibili； 3. 如何进行企业文化培训 –51CTO 学堂； 4.《10 人以下小团队管理手册》如何管理高效小团队？ –bilibili； 5. 企业文化落地技巧 –bilibili

3）书籍教材类：见表 5-20。

表 5-20　　　　　　　　　　书籍教材类资源

L1 入门级	《实用班组建设与管理——班组长必读（第 2 版）》成立平，机械工业出版社
L2 应用级	《电力企业学习型班组长培训系列教材：班组文化建设》沈思牧，中国电力出版社
L3 拓展级	1.《企业文化生存与变革指南》[美] 埃德加·沙因，浙江人民出版社； 2.《企业文化：企业生活中的礼仪与仪式》特伦斯·迪尔艾伦·肯尼迪，中国人民大学出版社
L4 指导级	《新时代班组建设指南》中国文化管理协会，中国标准出版社

3. 典型案例

案例一　了解企业文化，建立班组队伍文化

【案例背景】

某日，某领导到基层生产部门进行调研，看到办公场所无任何班组队伍建设的宣传，于是问到了班组是如何培养员工的素质，建立班组队伍文化建设，了解企业文化的。

【问题 / 挑战】

如何建立员工班组队伍建设，了解企业文化的问题。

【行动 / 措施】

班组长组织班组全员开会，并讨论如何制定一套适合的班组文化的计划，了解企业文化。

具体对话如下：

班长：今天开会首先想了解一下大家对我们企业的文化了解多少。

员工小陈：不知道，这是什么东西啊。

员工贺某：建设具有中国特色国际领先的能源互联网企业。

班长：小贺说的是一点，这是战略目标；企业宗旨是人民电业为人民；公司使命是

为美好生活充电，为美丽中国赋能；企业精神是努力超越，追求卓越等等。

班长：接下来我们来讨论一下，制定一套适合我们班组文化建设的计划。我先带个头，比如制定了员工技术技能提升工作方案和差异化培训计划。

员工贺某：可以开展员工实操培训，提升员工技术技能水平和业务能力。

员工小田：可以开展"每日半小时、每周一小结、每月一测评"、学习输电业务相关制度、规程、规范及流程。

员工小陈：可以开展师带徒岗位技能培训，建设团结互助班组文化。

员工小田：还可以组织开展多彩集体活动，加强交流、增进感情，丰富业余生活。

员工老刘：可以在我们的办公场所做一面班组文化墙，上面可以放上企业文化、员工的家庭照、集团活动的照片、制定的计划或里程碑计划以及相关的政策文件等。

班长：好的，今天大家都发表了很多想法，后期我将汇总好发给大家看下，之前形成班组建设文化内容上墙。

【案例结果】

学习了企业文化，制定了一份班组文化建设的计划。

【案例经验】

（1）带领班组人员学习企业文化。

（2）组织员工讨论班组建设文化的内容。

（3）形成一套适合班组的文化建设计划和方案。

案例二　基于"百千万"行为公约下的"和兴云电"文化探索

【案例背景】

国网某县供电公司积极探索国家电网公司发展战略下基层企业文化建设的作用发挥路径，以"心法、干法、管法"为推进主线，构建"平安、和谐、自信、激情"的"和兴云电"文化，为企业发展提供文化指引和驱动，推动战略落地、企业发展和队伍建设。

【问题/挑战】

战略落地需以良好企业文化环境为基础，提升执行力，推动战略入脑入心入行；基层企业需在国网企业文化统一性要求下，探索和培育具有本企业特色、操作性和适应性的文化，融入中心工作；调动员工积极性、主动性和创造性，实现队伍建设与文化建设同频共振。

【行动/措施】

1. 以"行为公约"为心法

1）划定建设准则：确立"生态思维"，明确企业文化生态构建标尺，确定"生态核心"为国网公司战略体系，明确"生态特质"为"一主多元"及其相互关系。

2）构建公约体系：梳理"生态群落"，将企业及服务、安全等专业和班组视为生态个体，定义其文化内涵；丰富"生态内涵"，通过调研、征集、讨论等提炼出"行为公约"体系，确立企业文化生态内涵。

3）深化公约传播：构建"生态传播机制"，以两条线路传播"行为公约"，搭建企业与员工理念规范的"桥梁"；打造"生态传播平台"，如"耕耘讲堂""微言堂"，传播公约内涵、实践故事等。

2. 以"四项工程"为干法

1）融入"平安云电"工程：围绕安全专业准则开展"行为公约＋安全生产"实践，通过"文化浸润""匠心护航""机制保障"，将"行为公约"转化为员工安全理念、行为习惯和管理内控力，夯实本质安全基础。

2）融入"和谐云电"工程：立足内外部人文环境营造，与服务职工、客户融合。提升职工忠诚度和幸福感，制定办实事方案，多途径凝聚人心；提升客户满意度和获得感，制定任务清单，形成精准服务样板。

3）融入"自信云电"工程：围绕相关部门守则，通过增强战略自信（学习研讨电力实践路径）、文化自信（开展系列主题活动）、价值自信（创新打造员工发展平台），激发职工自信力。

4）融入"激情云电"工程：聚焦中心工作难点堵点，推动"行为公约"体系落地。融入岗位竞技（开展职工劳动竞赛）、班组竞赛（供电所推行竞赛并排名）、支部赶考（支部开展主题实践）、项目攻坚（党日活动融合多方面工作推动线损指标提升）。

3. 以"和而不同"为管法

1）构建协同机制：建立"跨部门""1+1支部""支部＋班组"协同机制，增进沟通协调，组织群众，推动文化转化为综合动力。

2）优化绩效管理：构建"差异考核积分机制"进行二次绩效激励考核，推行"绩效选拔机制"和供电所"一定两挂"，打破平均主义，激发活力，提升服务能力与效率。

3）打造生态场景：打造平面式"微场景"（设计制作融入地域特色的"行为公约"展示图板）和立体式"微场景"（融合特色打造企业文化生态微场景，建设企业文化阵地和示范点）。

【案例结果】

（1）以文化人，提升队伍"真功力"：员工获得多项荣誉，如公司领导获劳模称号，多名职工获优秀共产党员等称号，全员干事创业热潮高涨，实现思想行动同频共振。

（2）以文聚力，催生价值"聚能链"："行为公约"融入工作，形成文化生态构想，在精准线损管理项目攻坚中凸显文化价值驱动力，公司线损指标排名提升。

（3）以文筑品，打通生态"微循环"：总结提炼实践成果，打造典型实践库和多维景观体，呈现文化与工作融合风貌，促进企业生态循环平衡，相关报道为公司发展提供支持，助力"双碳"目标实现。

【案例经验】

（1）企业文化建设要与企业战略紧密结合，明确建设目标和准则，构建具有特色的文化体系。

（2）通过多种方式推动企业文化落地，如融入不同工程实践、建立协同机制、优化绩效管理等，实现文化与中心工作深度融合。

（3）注重员工在文化建设中的主体作用，激发员工积极性和创造力，促进队伍建设与文化建设相互促进。

（4）打造文化场景，营造浓厚文化氛围，提升企业文化的影响力和感染力。同时，总结实践成果，为企业发展提供有力支撑。

本章总结

本章从梯队建设、高效协作、绩效管理和文化建设四个维度系统阐述班组长团队建设能力提升的核心路径，通过理论框架和能级通道设计、技能比武激励、班组文化墙建设等案例解析，印证了团队潜力激发对班组势能放大的乘数效应。当每个班组都能成为"问题解决单元"与"价值创造单元"，企业基层管理将迸发指数级能量。

团队建设的核心是激发持续发展动能，但在智能化转型浪潮中，这需要创新应变能力打破传统路径依赖。例如，能级通道设计需要数字化工具支撑，协作流程优化需要RPA技术替代人工。第六章将聚焦如何通过问题穿透分析，识别创新机会，运用学习型班组机制固化创新成果，使团队从"经验驱动"转向"创新驱动"。这种"传承＋变革"的平衡，正是应对新能源并网、"双碳"目标等行业挑战的关键策略。

第六章 创新应变能力

一、能力认知：洞察创新先机，深谙破局之道

（一）能力定义

创新应变能力是指班组长在面对不断变化的工作环境和多样化的工作任务时，能够积极主动地识别问题、提出创新解决方案、迅速做出决策并有效执行，同时不断学习改进，以适应新情况、解决新问题，推动工作持续优化和发展的能力。其内涵包括敏锐的问题感知能力、开放的创新思维方式、果断的决策执行魄力以及持续的学习改进意识，使班组长能够带领团队在复杂多变的工作场景中保持竞争力，实现创新发展。

（二）能力构成要素

创新应变能力由问题识别、创新思维、决策执行和学习改进四个要素构成。这些要素与班组长岗位职责相互交织、相互促进，共同助力班组长在工作中积极应对各种挑战，不断探索创新路径，实现工作的持续进步与发展。

1. 问题识别

问题识别即班组长迅速、准确地发现安全生产、班组管理等工作中的潜在问题、隐藏风险点及潜在的优化方向，运用科学分析方法深入剖析问题产生的根本原因，合理预测问题发展趋势及其可能产生的影响范围的能力。班组长全面负责班组工作的各个环节，及时、精准地识别问题是其履行职责的重要基础。具备问题识别能力使班组长能够在日常工作中提前察觉潜在隐患，有效避免问题的恶化。同时，通过深入分析问题根源，为后续制定精准、有效的解决方案提供坚实依据，保障工作的顺利开展和目标的实现。

2. 创新思维

创新思维即班组长积极鼓励团队成员充分发挥创造力，踊跃参与头脑风暴活动，共同探索新颖独特的工作思路和方法，勇于提出具有创新性的解决方案，以突破传统思维定式，对现有工作流程和技术进行大胆改进和优化的能力。创新思维能够帮助班组长带领团队突破常规，通过激发团队成员的创新热情，共同探索新的工作模式和方法，实现工作流程的优化再造和技术的升级换代。这不仅有助于提高班组工作效率、降低成本、提升产品或服务质量，增强班组在企业内部的竞争力，还能为企业发展注入新的活力和创造力，是推动工作创新、实现可持续发展的关键驱动力。

3. 决策执行

决策执行即在面对各种复杂多变的工作场景，尤其是在紧急状况下，班组长能够迅速收集相关信息，冷静分析局势，果断做出合理、科学的决策，并根据实际情况的动态变化及时、灵活地调整工作计划和资源分配策略，保障工作成果符合预期目标的能力。班组长在日常工作中经常需要在各种情况下做出决策，决策执行能力直接决定了决策的最终效果和工作的成败得失。有效的质量控制则是保证工作成果达到标准、实现班组工作目标的重要保障，是班组长履行职责、应对工作挑战的核心能力体现。

4. 学习改进

学习改进即班组长能够敏锐感知外部形势的变化，及时调整和优化工作方法和策略，以开放的心态积极主动学习新事物、新要求，善于总结提炼工作中的成功经验和失败教训，将其转化为长效机制和可复制的模式，并且积极组织班组成员共同学习的能力。学习改进能力使班组长能够率先垂范，积极拥抱新知识、新技能，并将其迅速融入工作实践。通过组织团队学习和经验交流活动，促进成员之间的共同成长和进步，确保班组工作始终与企业发展战略保持高度一致，持续提高工作质量和效率，为企业发展提供有力支撑，是推动团队持续进步、实现长远发展的重要保障。

二、能力提升：突破惯性思维，打造学习型班组

理解创新应变能力的内涵后，班组长们更关心的是"如何做到"。面对设备更新、流程调整、突发状况频发的班组日常，仅靠过往经验容易陷入被动。本节将抛开冗长、复杂的理论，从四个关键能力要素入手——快速发现问题、跳出惯性思考、果断行动调整、持续优化方法，用简明直接的具体策略帮助班组长在练习和实践中稳固提升创新应变能力。

（一）"问题识别"能力要素提升策略

1. 行为表现

"问题识别"能力要素各级别行为表现要求见表 6-1。

表 6-1　　　　　"问题识别"能力要素各级别行为表现要求

L1 入门级	1. 具备基本的风险常识，能基本识别工作中潜在问题和风险点； 2. 能够基本辨别问题原因，能对问题产生的原因进行初步分析
L2 应用级	1. 能够运用专业知识和经验，识别大部分安全生产和班组管理过程中存在的问题； 2. 学会使用适当的工具和方法，能够深入分析问题产生原因并制定整改措施

续表

L3 拓展级	1. 能够准确识别工作中存在的问题和风险点； 2. 能够透彻分析问题发生的原因并制定相应整改措施，降低该问题的发生概率
L4 指导级	1. 能够准确识别工作中存在的问题和风险点； 2. 能够透彻分析问题发生的原因并制定相应整改措施，同时举一反三，发现一个问题整改一类问题； 3. 建立长效机制进一步预防该类问题发生

2. 工具方法

（1）能力要素提升任务：见表 6-2。

表 6-2　　　　　　　　　　"问题识别"能力要素提升任务

分级	提升任务
L1 入门级	1. 系统学习安全生产、班组管理等领域的风险知识体系，研读企业安全手册、行业风险案例集，掌握更多类型的风险特征与表现形式，拓宽风险认知边界； 2. 主动参与企业组织的风险识别模拟演练，在实际场景模拟中练习运用所学知识识别潜在问题和风险点，积累识别经验，提升识别敏感度； 3. 学习基础的问题分析工具，如因果图、5Why 分析法，通过对班组内已发生的简单问题进行反复练习，掌握初步分析问题原因的技巧
L2 应用级	1. 深入学习安全生产与班组管理的前沿理论、行业标准及先进实践经验，持续更新知识体系，增强对复杂问题的识别能力； 2. 全面学习并熟练掌握如鱼骨图、故障树分析等专业分析工具，针对班组管理和生产过程中的实际问题，运用多种工具交叉分析，提升分析的准确性与深度； 3. 研究成功的问题整改案例，学习整改措施制定的逻辑与要点，结合班组实际情况制定具有针对性、可操作性和实效性的整改方案，并跟踪措施实施效果，总结改进经验
L3 拓展级	1. 结合班组工作流程和特点，梳理关键环节的风险点，制定风险预警指标，建立简易的风险预警机制，实现对问题和风险的早期监测与预判； 2. 学习系统思维、数据分析等方法，从多角度、多层次深入剖析问题发生的原因，挖掘隐藏的深层次因素，形成全面、准确的原因分析报告； 3. 构建整改措施效果评估体系，明确评估标准与流程，在问题整改完成后，对整改措施的有效性、持续性进行科学评估，不断优化整改策略

分级	提升任务
L4 指导级	1. 组织班组成员共同梳理班组工作全流程的问题与风险，建立班组级问题识别数据库，实现问题与风险信息的共享与动态更新，形成全员参与的问题识别网络； 2. 总结提炼班组问题识别、分析与整改的成功经验和有效方法，在企业内部或行业内进行分享推广，通过经验交流和案例研讨，促进整体问题处理能力的提升； 3. 基于班组实际情况，结合行业最佳实践，主导建立涵盖风险预防、问题识别、分析整改、监督反馈等环节的长效管理体系，确保问题预防与处理工作的规范化、常态化

（2）能力提升可用资源。

1）规章制度类：见表 6-3。

表 6-3　　　　　　　　　　规章制度类资源

国家法律法规	1.《中华人民共和国电力法》； 2.《中华人民共和国安全生产法》； 3.《供电营业规则》； 4《电力供应与使用条例》
行业标准	1.《电力安全工作规程》； 2.《电力生产事故调查规程》
公司标准及规程规定	1. 国网安全生产作业规程； 2. 国家电网公司员工奖惩规定； 3. 国网浙江省公司营销违章计分细则

2）培训课程类：见表 6-4。

表 6-4　　　　　　　　　　培训课程类资源

外部课程	1. 8 家跨国公司世界级安全管理经验，30 多条可借鉴的安全做法！ - 搜狐； 2. 现代安全管理十大理念 | 美国安全专家精心总结诠释 - 搜狐； 3. 思维决胜：问题发现与解决 - 三节课； 4. 进阶课程——《真探™ - 问题分析与解决》- 赛氪教育； 5. 先搞懂问题，再解决问题 -51CTO 学堂

3）书籍教材类：见表 6-5。

表 6-5　　　　　　　　　　　书籍教材类资源

L1 入门级	《高阶认知：识别问题，解决问题的能力》舒文，江苏凤凰文艺出版社
L2 应用级	《麦肯锡教我的思考武器：从逻辑思考到真正解决问题》安宅和人，后浪｜大象出版社
L3 拓展级	1.《学会提问》[美] Neil Browne，Stuart Keeley，机械工业出版社；2.《批判性思维》[美] 理查德·保罗 / 琳达·埃尔德，中信出版集团
L4 指导级	《底层逻辑》刘润，机械工业出版社

4）工具方法类。

思维导图（Mind Map）

a. **工具定义**：思维导图是一种图形化的思维工具，是用于表达发散性思维的有效图形思维工具。它简单却又很有效，是一种革命性的思维工具。思维导图运用图文并重的技巧，把各级主题的关系用相互隶属与相关的层级图表现出来，把主题关键词与图像、颜色等建立记忆链接。思维导图充分运用左右脑的机能，利用记忆、阅读、思维的规律，协助人们在科学与艺术、逻辑与想象之间平衡发展，从而开启人类大脑的无限潜能。

b. **工具组成**。

①中心主题（Central Idea）：思维导图的起点，通常是一个词、短语或图像，代表你想要探索或表达的核心概念。

②分支（Branches）：从中心主题延伸出来的线条或路径，代表与中心主题相关的子主题或次级想法。分支可以进一步细分，形成更多的子分支，以展示复杂的思维过程。

③关键词（Keywords）：位于分支上的简短词汇或短语，用于概括该分支所代表的想法或信息。关键词帮助记忆和理解，避免冗长的句子。

④连接线（Lines）：连接中心主题、分支和关键词的线条，表示它们之间的关系和层次结构。

⑤图标和图像（Icons and Images）：可选元素，用于增强记忆和理解。图标和图像可以代替或补充关键词，使思维导图更加生动和有趣。

c. **工具适用范围（使用场景）**。

思维导图广泛应用于学习、工作、生活等各个领域，如：

学习：整理知识点、制定学习计划、复习总结等。

工作：项目管理、会议记录、决策分析、创意激发等。

生活：旅行规划、时间管理、目标设定、健康生活等。

通过思维导图，人们可以更加系统地思考和表达自己的想法，提高思维效率和创造力。

d. 工具应用步骤。

①确定中心主题：明确你想要探索或表达的核心概念。

②添加主要分支：围绕中心主题，列出与之直接相关的主要子主题或想法。

③细化分支：在每个主要分支下，进一步添加子分支，以展示更具体的想法或信息。根据需要，可以不断细化分支。

④使用关键词：在每个分支上写下简洁明了的关键词，概括该分支的内容。

⑤添加图标和图像（可选）：为了增强记忆和理解，可以在关键词旁边添加相关的图标或图像。

⑥审查和修改：完成初步思维导图后，仔细检查并修改其中的内容、结构和布局，以确保其清晰、准确和完整。

3. 典型案例

案例一　解决问题为导向之杆上表箱隐患创新治理

【案例背景】

某日，班组长唐某在供电所组织安排天网监控电表时，多位台区经理向其反馈监控附近无支撑面，表箱只能安装在电杆上，但装在电杆上以后爬杆就比较麻烦，而且表箱容易掉落，存在隐患。

【问题 / 挑战】

该供电所辖区内的监控表箱普遍未采用固定支架安装，采用铜芯线或者铁丝直接捆扎固定（见图 6-1），普遍牢固性不够，在恶劣天气尤其是大风天气下很可能存在表箱坠落风险。同时当工作人员有杆上作业时，需要一步跨过表箱，若操作失误可能存在人员坠落风险。

图 6-1　原有表箱杆上固定方式

【行动 / 措施】

班组长唐某收到台区经理反馈后，立即组织人员至附近开展现场勘察，至现场分析表箱对登杆作业的影响和可能存在的安全隐患，并对装在电杆上的表箱安装数量及表箱类型开展初步统计。

班组长唐某组织供电所内创新团队对该问题进行研究分析，发现传统的采用铜芯线或者铁丝直接捆扎固定的方式，表箱的固定程度不足，在恶劣天气存在坠落风险，且作业人员在登杆时必须一步越过表箱才能往上登杆，若跨步失误时则有跌落风险，对登杆作业也造成阻碍。经分析确定，主要产生问题和风险的原因是原有的铜芯线或者铁丝直接捆扎固定方式需要优化，必须改变原有的安装方式以解决问题。故班组长唐某组织供电所内的创新团队开展头脑风暴。

第一次头脑风暴：

唐某：我们首先思考的是要如何强化固定，原来的铁丝肯定不行，是否可以考虑采用绝缘性能强且固定效果良好的材料。

小董：我认为其实可以用支架试试，刚度硬度良好，能够满足要求。

第二次头脑风暴：

唐某：材料方面考虑到固定性能，确实是支架更好，但是我们的工作人员爬杆时还是得一步跨越表箱，有跌落风险，大家想想办法。

小范：其实可以对接厂家试试，能不能把支架设计一下，留有一定空间用于脚扣的放置，不过得计算下空出一段后是否影响固定性能。

唐某：好的，那我们对接一下能够做支架的厂家，一是看能不能设计出来，二是看承载力足不足。

第三次头脑风暴：

唐某：上次对接厂家后，固定性和脚扣空间应该都没问题了，我们和厂家联系下制作个样品试验。但现在还有个问题，毕竟我们的脚扣放在表箱中间，还要考虑到表箱带电情况，万一箱内金属螺钉带电，将会造成支架整体带电。

小董：可以考虑绝缘帽套的方式将螺钉绝缘。

经过多轮头脑风暴后，确定了以创新制作固定支架的形式来加强杆上表箱的稳固性，同时在表箱和电杆之间腾出脚扣放置的空间，并采用绝缘帽套避免支架带电。

确定好问题解决方式后，在班组长唐某的组织下进行内部团队任务分解，班组内小范负责与专业支架制作厂家对接支架设计和样品制作，小董则主要核对供电所范围内杆上表箱的具体情况。唐某除了领导创新团队外，同时也向公司相关职能部门汇报对解决问题的创新方式方法。

经过不懈努力，在班组长唐某的带领下完成了表箱支架样品的制作，并组织开展对样品的可用性测试。

唐某：今天我们把做好的样品做好后，试验下成效是否能达到我们的预期，小范你先按照工作方案把支架和表箱安装到电杆，稍后小董试验下固定情况如何。

小范、小董：收到。

杆上支架安装完毕后，小董对支架进行力学测验，测试结果表明表箱的稳固程度明显加强，远强于原有铁丝固定方式，并且中间留有足够空间供人员登杆（见图6-2）。在表箱周边配置了足够绝缘措施，避免安全风险。

图6-2 杆上表箱支架及其安装效果

随后班组长唐某组织创新团队在不同环境、不同地理位置、不同类型表箱开展验证，并邀请公司职能部门现场参观创新成果，得出结论，该创新设计的支架确实能解决原有的杆上表箱问题，由唐某上报公司职能部门推广应用，同时以此作为实用型专利成果、QC成果向上申报。

【案例结果】

经杆上表箱支架推广应用后，有效解决原有表箱固定能力不足，影响登杆的问题，并通过创新解决问题方式申报成果实用型专利一项，QC成果一项。

【案例经验】

问题识别三部曲：

（1）分析问题：发现问题后能多角度思考，透彻分析问题和风险。

（2）制定措施：组织团队以创新型思维研究解决问题和风险的措施。

（3）成效推广：验证问题解决措施后，能够将创新的流程和技术进行推广应用，切实有效解决问题风险。

案例二 服务态度类投诉申诉小妙招：做好问题识别

【案例背景】

某日，班组长吴某接到服务态度类投诉降级工单，系客户反映供电所的潘师傅在处理抢修工单时与客户发生争吵，起因是客户要求把表箱更换一个，而潘师傅未携带表箱无法更换，便采取了修复措施。在沟通中双方使用方言，语气较重，造成客户反馈潘师傅服务态度差。

【问题/挑战】

客户日益增长的服务需求和维权意识，增加了工作人员在服务中被投诉的风险，而同时投诉、投诉降级工单对员工个人资金考核极为严厉，后果较重。如何降低投诉、投诉降低发生概率，增加申诉成功概率，都是基层班组人员的挑战。

【行动/措施】

班组长吴某在对该单投诉降级申诉无果后，因员工管理责任亦被连带扣罚1000元。吴某痛定思痛，开展所内的复盘分析，一定要从源头上杜绝被投诉的可能性，尤其是针对年龄偏大，服务较为随意的几位师傅，必须要解决投诉风险。

班组长吴某经向所长汇报后，决定组织服务态度治理会议。首先邀请了公司具备管控服务专业多年从业经验的专家小范，为供电所的员工介绍了各类服务投诉的规则，各项易发生投诉的服务红线。同时分享近期申诉成功的服务态度案例，讲解与潘师傅案例申诉失败的区别，主要就是因为没有事前的音视频记录。讲到这里时，潘师傅拍案而起。

潘师傅：我当时真的就是方言和他说了几句，根本没和他吵架，这家伙害我扣了几千元钱，我真的是太冤了。

专家小范：潘师傅您这件事我感同身受，我个人也曾经因为没有录音证明而吃过亏，所以之后与所有客户的交谈我都会录音，现在手机里已有600余个录音记录了，倘若这次您能够开启录音，我们申诉成功的概率就大了好多。

班组长吴某：是啊，潘师傅，吃一堑长一智，咱今后开着录音，带着记录仪，就不怕别人误会你了。

之后，专家小范介绍了公司关于投诉、投诉降级的绩效处罚，处罚金额不得不让人人自危，起到了警示作用，也明白了提升服务意识的重要性。

班组长吴某趁机向在座的工作人员宣布了今后关于优质服务的规定：三十年前，当时客户是有电用就行；到二十年前，是少停电；到十年前，是用好电才行。而如今客户对我们电力服务的要求越来越高，并且部分客户的维权意识越来越强，而公司对投诉的处罚也越来越重。在这样的背景下，我们要严格按照公司要求，绝不能发生任何服务态度事件，这是底线。万一真的在客户侧受了委屈，你有气往我这里撒，千万别和客户吵起来。同时我们在服务客户时，全程开启录音，用执法记录仪来记录工作情况，这都是我们万一被投诉时的"护身符"啊，大家谨记。

陆续有几个年龄较大的台区经理反映：我不会用录音，苹果手机不能录音，执法记录仪不能带，反正一年遇不到几个扣就扣呗。

班组长吴某在面对工作布置有杂音时，没有退缩，而是以换位思考的方式说服大家。

班组长吴某：大家说的我都理解，现场工作我也做得不少，疑难客户全所你们谁对接的有我多？刚才和大家说了，我们按要求用录音电话和记录仪，是为了谁？不是为了公司，不是为了所长，不是为了我，而是为了你们自己，谁想动不动就没有了一个月工资呢，大家也要多为钱包考虑考虑。

见大家认真思考，声量较小时，班组长吴某以退为进。

班组长吴某：接下来我不要求你所有的用户都录音，那我们先把所有处理 95558 工单、属地工单时的电话都要录音。其次，对一些明知道可能会打电话，或态度有明显起伏的，必须录音。同时我们所内也会开展抽查和回访，也请大家为了保护自己做好各项措施。

之后，每周的所例会后吴某也不断强调服务意识重要性，分享各种服务案例，教授各种服务技巧，提高了整体服务水平。

【案例结果】

在班组长吴某多方的努力下，工作人员能按照规则制度留存好音频、视频证据，并按照服务要求进行现场服务，在此之后暂未出现投诉或投诉降级工单。

【案例经验】

问题识别需穿透表象（如方言沟通）直达本质（证据缺失、意识薄弱），结合规则逻辑与人性化沟通，将"被动应对投诉"转为"主动防控风险"。

（1）强化证据意识：识别服务过程中"无痕沟通"风险，强制录音、记录仪留存音视频证据，为申诉提供客观依据。

（2）精准培训宣贯：聚焦服务红线与投诉规则，通过案例对比分析，提升员工对服务规范及申诉逻辑的认知。

（3）换位疏导抵触：识别员工对技术手段的畏难情绪，以"护己"视角引导（如"保收入"），降低执行阻力。

（4）分层管控场景：针对高频投诉场景（如工单回访、敏感客户），优先落实录音要求，平衡效率与风险防控。

（5）持续闭环督导：通过例会复盘、抽查回访形成压力传导，固化服务规范，避免短期行为反弹。

（二）"创新思维"能力要素提升策略

1. 行为表现

"创新思维"能力要素各级别行为表现要求见表 6-6。

表 6-6　　　　　　　　"创新思维"能力要素各级别行为表现要求

L1 入门级	1. 能初步理解创新思维的概念，知晓创新对班组工作的积极作用，如提高效率、优化流程等； 2. 严格按照既定的工作流程和标准执行任务，在执行过程中发现简单问题，如工具使用不便、步骤繁琐等，会及时向上级反馈； 3. 对他人提出的改进建议持开放态度，能够配合落实上级或同事提出的简单创新举措
L2 应用级	1. 熟练掌握至少 2 种创新工具（如六顶思考帽、TRIZ 理论等），并能将其灵活运用到班组日常问题的分析和解决中； 2. 能够主动识别班组工作中存在的常见问题，独立运用创新工具提出解决方案，如优化排班制度、改进物料摆放方式等，且方案具有一定可行性； 3. 积极推动自己提出的创新方案在班组内实施，协调各方资源，确保方案落地，并能对实施效果进行初步评估
L3 拓展级	1. 能够结合班组实际情况，构建适合班组的创新工作体系，包括创新目标设定、创新激励机制建立、创新流程优化等，营造良好的班组创新氛围； 2. 具备一定的市场和行业敏感度，能够预见班组工作未来可能面临的问题和挑战，提前开展前瞻性创新研究，如探索新技术在班组工作中的应用，为班组发展提供新的方向； 3. 打破部门和行业界限，主动与其他部门或外部单位开展合作，引入外部创新资源和理念，开展跨领域创新项目，如与供应商合作改进原材料供应模式
L4 指导级	1. 复盘班组创新体系，依业务与反馈调整目标、机制与流程，建立效果追踪，闭环管理提升适配性； 2. 针对工艺改进、设备升级等难题，组建攻坚小组，统筹资源，运用创新工具推动项目全流程落地； 3. 构建培养体系，通过导师带教、项目历练、案例研讨，打造多层次创新人才梯队

2. 工具方法

（1）能力要素提升任务：见表 6-7。

表 6-7　　　　　　　　"创新思维"能力要素提升任务

分级	提升任务
L1 入门级	1. 系统学习创新思维相关的基础理论知识，如头脑风暴法、思维导图等创新工具的使用方法，每月阅读相关书籍或参加线上课程学习； 2. 主动观察班组日常工作中的细节，每月提出关于工作流程优化或效率提升的简单建议，并参与建议的初步实施过程； 3. 在完成简单创新实践后，及时总结经验和不足，与团队分享，积累创新实践经验

续表

分级	提升任务
L2 应用级	1. 深入学习创新管理相关知识，了解行业内其他优秀班组的创新案例和经验，每季度参加行业创新经验分享会或研讨会； 2. 针对班组内较为复杂的问题，如跨部门协作效率低、产品质量波动等，运用多种创新工具和方法，制定综合性创新解决方案，并成功推动实施，成功解决复杂问题； 3. 在班组内组织开展创新思维培训活动，分享自己的创新经验和工具使用技巧，带动班组成员参与创新实践
L3 拓展级	1. 参与企业层面的创新战略规划制定，从班组角度提出创新需求和建议，使班组创新工作与企业整体战略相契合； 2. 将班组内成功的创新成果进行总结和提炼，形成可复制的创新模式，在企业内部或行业内进行分享和推广； 3. 制定班组创新人才培养计划，通过导师制、项目实践等方式，培养至少具有较强创新能力的班组成员，为企业创新发展储备人才
L4 指导级	1. 关注前沿模式，结合班组业务优化创新机制，引入敏捷管理、快速响应通道等激发活力； 2. 开展创新活动，设荣誉奖项，建成果展示平台，营造包容创新的班组文化； 3. 梳理案例，提炼经验教训形成指南与案例库，组织分享会与"老带新"活动传承创新智慧

（2）能力提升可用资源。

1）规章制度类：见表6-8。

表6-8　　　　　　　　规章制度类资源

国家法律法规	1.《中华人民共和国电力法》； 2.《中华人民共和国安全生产法》； 3.《中华人民共和国专利法》
行业标准	1.《国家电网有限公司2021—2024年QC小组优秀成果集》； 2.《国家电网有限公司卓越绩效管理优秀案例汇编（2021-2024）》
公司标准及规程规定	1.《进一步加强班组建设工作的若干意见的通知》（浙电企协〔2016〕175号）； 2.《关于加强生产一线班组长管理的指导意见》（浙电人事〔2012〕508号）； 3.《关于加强供电企业生产一线班组建设的若干意见》（浙电人资〔2009〕1113号）； 4.《关于进一步加强班组长培养及管理工作指导意见》（浙电人资〔2016〕574号）

2）培训课程类：见表 6-9。

表 6-9　　　　　　　　　　　培训课程类资源

内部课程	1. 国网学堂企业创新思维与创新管理实践； 2. 国网学堂创新思维流程与工具
外部课程	1. 创新思维与方法 _ 武汉大学 - 中国大学 MOOC（慕课）； 2. 创新欲望与创新能力—郑强 -bilibili； 3. 八大创新思维与工具应用 -51CTO 学堂； 4. 40 个顶级思维模型，让你迅速与同龄人拉开差距 -bilibili； 5. 创新管理 _ 浙江大学 - 中国大学 MOOC（慕课）

3）书籍教材类：见表 6-10。

表 6-10　　　　　　　　　　　书籍教材类资源

L1 入门级	《思考的机制》[英] 爱德华·德博诺（Edwardde Bono），中国科学技术出版社
L2 应用级	1.《创新之力：将创意变为现实》[英] Matt Kingdon（马特·金登），电子工业出版社； 2.《创新设计思维——设计思维方法论以及实践手册》鲁百年，清华大学出版社
L3 拓展级	1.《伟大创意的诞生：创新自然史》[美] 史蒂文·约翰逊，浙江人民出版社； 2.《创新者的窘境》[美] 克莱顿·克里斯坦森，中信出版社
L4 指导级	1.《创新的天梯》[以] 亚里·拉登伯格，[加] 夏罗默·迈特尔，机械工业出版社； 2.《如何移动富士山》[美] 威廉·庞德斯通，刘俊朝译，中信出版社

3. 典型案例

案例一　线上营业厅，电力云管家

【案例背景】

95598 投诉工单统计分析，每年的投诉工单中总有几个钉子户，村里停电检修，他就打电话投诉。供电所所长非常苦恼，绩效扣钱难以避免。经开会讨论后，让班长负责处理这件事情。班长安排综合事务员胡某某了解他们的投诉诉求，希望能解决频繁投诉的问题。

【问题/挑战】

接到任务后的胡某某先打个电话给投诉的用户，一听就觉得他们语气比较冲，感觉难以撤销之前的投诉，经过耐心解释停电原因后，他们的投诉点转变为我们没有提前沟通，导致个人的用电体验很差。在这种情况下，班长需要指导小胡怎么解决频繁投诉的问题。

【行动/措施】

班长了解整个事情的前因后果以后，也体谅居民用户对停电的感受，代表供电所对他们进行了道歉，用户也对停电事件表示理解。但是班长觉得停电带来的投诉风险不仅仅是这几个人，还有政府、企业及广大居民用户，如何减少停电投诉，提高电力客户的满意度是我们工作的重点。除计划类停电可以提前大范围通知外，紧急类停电时间紧迫，难以实现大范围通知。

班长有次和小胡吃饭，聊起这件事情，小胡突然说，我和乡镇的负责人比较熟悉，如果停电，要不我提前和他们说一声，这样也可以减少他们的投诉。

班长觉得这个创新的想法非常不错，那干脆你拉一个群，我把我认识的乡镇干部和企业负责人都拉进去，这样遇到停电或者他们有诉求，我们能及时掌握，避免他们打投诉电话。班长和小胡一拍即合，说干就干。班长还不忘提醒，把上次村里经常打电话投诉的客户也拉进去，让他们感觉我们非常重视，他们应该不会再有情绪了吧。

在创新思维的驱动下，一个电力客户微信群的运行渐渐成为另一个乡镇营业窗口，在供电所平常的工作中起到了非常重要的作用，后来所长也了解到这个微信群的存在，觉得非常有必要进行推广和改进，于是拉着班长和小胡的头脑风暴后，决定成立一个乡镇供电所"线上营业厅"。

为更好地服务辖区人民，该供电所在组织架构上进行了一些调整，专门在管控室设一名线上服务专员，主动以微信、微信群的方式联系辖区客户，将客户的所有诉求（自己能处理的第一时间处理）反馈到管控室，再由管控室统一下派。真正实现了从停电通知转达，到微信线上业务快速办理的转变，真正让用户体验到了服务响应的快速和办理业务的快捷。

【案例结果】

通过创新思维的方式，建立了"线上营业厅"，在当下移动互联网的便捷时代下，为不同的电力客户提供更全面、更精准和更高效的电力服务。

【案例经验】

创新思维要点：

（1）想客户所想，急客户所急，切实解决客户的问题；

（2）思创新想法，变工作方式，大胆实践创新的思路；

（3）举一而反三，集思而广益，不断完善成果的推广。

案例二　通过数字代人，提高采集运维效率

【案例背景】

管控组成员王某一早来到办公室，梳理当天应前往现场处理的采集异常清单。他发现由于昨晚雷击及运营商问题而导致的故障数较多。

【问题/挑战】

王某每天需要提早半个小时到办公室，面对批量性故障问题单靠王某一个人无法在服务班上班前将准确的清单梳理出来，且该种状况会经常发生，需要班组长针对这个问题去解决困难。

【行动/措施】

首先，班长询问了王某，了解该份清单需要掌握的包括数据召测、时钟对时、任务重投、参数设置等具体技术手段。发现这些技术手段都需要人工进行大量的重复性操作。

接着，班长让王某将具体操作的路径通过视频录制及文本说明的形式进行了记录。班长通过网上资料查阅，确认针对重复性强的电脑系统操作可以借助 RPA 小程序进行解决。

找到技术路径后，班长挑选了有计算机经验的小李学习 RPA 的开发，让其根据视频及文本路径开发运行脚本。

程序开发完成后，班长对该程序进行了测试，让小李修复了一些系统问题。

结合王某每天都要提前到办公室的问题，班长对功能进行优化建议，增加定时运行功能和自动发送功能，让 RPA 程序自动提前运行，并将每日清单通过邮件在服务班班长上班前发送至其邮箱。

【案例结果】

通过创新的数字化应用，有效解决了人工反复操作的问题，进一步释放了人力资源，提高了工作生产效率。

【案例经验】

（1）发现问题：找到问题的具体表现方式，具体产生的影响。

（2）数字思维：充分了解问题产生的原因及内在逻辑，善于运用数字创新工具破解点多面广的系统问题。

（3）寻找工具：针对需要解决的数字化问题，找到合适的数字工具

（4）优化完善：针对工具的实际运用结合人性化的需求进行完善提升，进一步提高可用和实用性。

（三）"决策执行"能力要素提升策略

1. 行为表现

"决策执行"能力要素各级别行为表现要求见表 6–11。

表 6–11　　　　　"决策执行"能力要素各级别行为表现要求

L1 入门级	1. 能够准确接收上级下达的决策指令，严格按照既定流程和要求执行任务，在执行过程中保持基本的工作纪律和规范； 2. 执行过程中遇到常见、简单的问题，如设备小故障、物料轻微短缺等，能及时向上级汇报，等待进一步指示； 3. 在团队协作执行任务时，积极配合其他成员工作，完成自身负责的简单任务模块
L2 应用级	1. 对于班组内日常的常规性工作任务，能够根据工作目标和实际情况，自主做出合理决策，并有效组织班组成员执行，确保任务顺利完成； 2. 面对执行过程中出现的复杂问题，如流程衔接不畅、人员配合冲突等，能够运用分析工具和方法，找出问题根源，并制定相应解决方案推动执行； 3. 在任务执行过程中，建立基本的监控机制，实时关注任务进度和质量，及时发现偏差并采取措施进行调整
L3 拓展级	1. 能够准确理解企业战略目标，并将其转化为班组可执行的具体决策和计划，确保班组工作与企业战略方向一致； 2. 突破传统执行方式，结合新技术、新理念，探索创新班组任务执行模式，提高执行效能和质量，如引入数字化管理工具优化执行流程； 3. 在涉及跨部门协作的任务中，与其他部门共同制定决策方案，并有效推动多方协同执行，解决协作过程中的矛盾和问题
L4 指导级	1. 深入剖析班组长期运营数据与实际执行情况，系统性优化班组决策流程与执行规范，构建更科学、高效的决策执行体系，提升班组整体运营效能； 2. 面对班组内高难度、高风险的复杂问题，如紧急订单调配、重大设备故障处理等，能够迅速组织团队进行分析，主导制定全面、合理的决策方案，并高效推动执行，确保问题妥善解决； 3. 通过定期开展案例研讨、情景模拟训练等活动，将自身丰富的决策执行经验转化为可复制的方法论，全面提升班组成员的决策思维与执行能力，打造高执行力团队

2. 工具方法

（1）能力要素提升任务：见表 6–12。

表 6-12   "决策执行"能力要素提升任务

分级	提升任务
L1 入门级	1. 系统学习基础的决策管理与执行知识，理解决策流程和执行要点，熟悉班组工作相关的规章制度与操作标准； 2. 主动尝试对执行过程中遇到的简单问题，运用所学知识和经验，提出初步解决方案，并在上级指导下进行实践； 3. 每完成一项任务，对执行过程进行复盘，总结成功经验与不足之处，逐步提升对任务执行的理解和把控能力
L2 应用级	1. 深入学习决策分析方法、项目管理等相关知识，研究优秀班组决策执行案例，拓宽决策视野和执行思路； 2. 主动承担班组内具有一定挑战性的复杂任务，从决策制定到执行落地全程负责，锻炼综合决策执行能力； 3. 在多次任务执行后，对班组现有执行流程进行梳理，结合实际执行情况，提出优化建议并推动改进，提升整体执行效率
L3 拓展级	1. 积极参与企业层面与班组工作相关的决策研讨会议，从班组实际运营角度出发，为企业决策提供有价值的参考意见； 2. 将班组创新执行模式和成功经验进行总结提炼，在企业内部进行分享推广，帮助其他班组提升决策执行能力； 3. 制定班组成员决策执行能力培养计划，通过案例分析、模拟演练等方式，提升团队整体决策执行水平
L4 指导级	1. 持续关注行业内前沿管理理念与工具，结合班组实际工作需求，探索适合班组的创新决策模式，如引入智能化决策辅助工具，推动班组决策执行的数字化转型； 2. 营造积极的班组决策文化氛围，鼓励班组成员主动参与决策讨论，提出创新性想法，建立开放、包容、高效的决策沟通机制； 3. 将班组在决策执行过程中的成功案例、失败教训进行系统整理，建立班组专属的决策执行知识库，为后续工作提供参考，同时做好经验传承，助力新成员快速成长

（2）能力提升可用资源。

1）规章制度类：见表 6-13。

表 6-13   规章制度类资源

国家法律法规	1.《中华人民共和国电力法》； 2.《中华人民共和国安全生产法》
行业标准	《电力企业管理体系整合导则》（DL/T 1004—2018）

续表

公司标准及规程规定	1.《国家电网公司"三重一大"决策管理办法》; 2.《国家电网有限公司董事会授权决策管理办法》

2）培训课程类：见表 6-14。

表 6-14　　　　　　　　培训课程类资源

内部课程	1. 国网学堂全过程控制决策; 2. 国网学堂贝叶斯决策理论学习（上）（下）; 3. 国网学堂决策树; 4. 国网学堂全过程控制决策
外部课程	1. 决策三层次（如何用模型思维做决策）-bilibili; 2. 如何打造高效的战略执行力 -_bilibili; 3. WOOP 思维 + 执行意图：让所有目标实现，让效率和成就感升级！ -bilibili; 4. 高效能人士的执行 4 原则 -bilibili; 5. 提高执行力的四把钥匙 -bilibili

3）书籍教材类：见表 6-15。

表 6-15　　　　　　　　书籍教材类资源

L1 入门级	《别做正常的傻瓜》奚恺元，机械工业出版社
L2 应用级	1.《从决策到执行》约翰·科沃斯都，世界知识出版社; 2.《执行力是管出来的：打造高效执行力的 58 个关键》吕国荣，中国纺织出版社
L3 拓展级	《助推——我们如何做出最佳选择》[美] 理查德·H·泰勒，中信出版社
L4 指导级	《超越智商》[加] 基思·斯坦诺维奇，机械工业出版社

3. 典型案例

案例一　创新不能停留在嘴上说说

【案例背景】

2023 年 A 公司推行正好供服员工能级通道建设工作，供电所基层员工为了评聘能级员工都勤奋练习技能水平，积极赚取工作积分，努力在考聘得分中取得好成绩。

【问题 / 挑战】

很多员工发现自己的创新成果附加分部分寥寥无几，但是 QC 创新工作室的成员硕果累累，相较之下，内心不免觉得不合理。尤其是班组员工老董，他就内心不是很服气，找到自己要好的同事，同时也是 QC 创新工作室的负责人老胡，要求给他挂名字。老胡不知道怎么拒绝，需要班长帮忙协调沟通。

【行动/措施】

班长了解了情况以后，找到老董，问他说：老董，我记得当初我和你一起进电力公司的，当年你爬电线杆又稳又快，装横担也是轻松拿捏。转眼这么多年过去了，以前在你后面打下手的小胡，现在都评聘上四级员工了。

老董说：对呀，老班长，我去年能级通道评聘的时候其他成绩和他差不多，但是他获奖成果就加分达到 10 分，而我才 0.3 分，最后我只聘上了最低级别的能级员工，我有点不服气呀。

班长：老董，我看你平时开会，对工作中的问题也很有见解，为什么你就没有参加 QC 或者群创这些创新活动呀？

老董：班长，你有所不知，我每次工作中遇到的问题，我都会和老胡吐槽，然后我每次都有解决的措施，但是每次他都偷偷弄了 QC 和群创。

班长：我看人家老胡每次都邀请你参加群创讨论，听说你都不屑参加。

老董：我总以为这些创新都是没有实际意义的，但是看到这几年他们几个小年轻弄的东西还真能解决班组遇到的实际问题，有好几个工器具改造，感觉和我想的也差不多。

班长：那你怎么不想着去做呢？

老董：平时工作计划排得比较忙，空下来又不想花时间去动脑子，然后又觉得找人写东西，还得找厂家制作，想想就算了。

班长：我看你还是蛮有兴趣的，只是碍于面子没去做。平时想法和创意都挺好的，这样吧，你上次不是和我反映，杆塔上的铭牌不好安装，更换不方便吗，我和小胡也说了，你们可以一起做个 QC，我再帮你拉上新进来的员工小陈写材料，再请运检部的周主任给你们提提建议，争取今年就把这个项目完成。

【案例结果】

决策的执行力才是实现创新的唯一途径，很多时候大家有好的想法好的建议，都没有去落地。这一次通过组建团队，积极开展讨论，反复地研讨和修改，完成了当年的 QC 项目，并在市公司发布，取得了不错的成绩。

【案例经验】

决策执行要点：

（1）决策的目的是顺利执行；

（2）执行的过程是需要全程参与；

（3）创新的质量是体现团队协作。

【案例背景】

在对标兄弟单位服务社会发展成效时，甲供电公司供电可靠性一直处于落后位置，尤其在故障抢修方面，故障停电时户数落后程度更为凸显。

【问题／挑战】

2021年甲供电公司全年用户平均停电时间9.24h，2022年压降到8.13h，时户数压降成效不显著。公司要求2023年时户数压降到5h以下，各供电所对完成指标信心不足，担心年底指标完不成被扣钱，班组长需要对班组成员进行指导。

【行动／措施】

乙供电所所长召集周例会，让大家讨论如何完成供电所的时户数压降目标。因为年初的时候所长在公司的两会上宣读过今年的压降目标，要是完不成，没法向公司交代。

老刘率先回答："时户数压降能不能完成我们全靠老天答不答应了，要是多打几次雷，我们再努力也完成不成。要是天气好，我觉得问题不大"。

老周也发言说："我们自动化覆盖率太低了，去年我们有条线路装了自动化设备以后，故障隔离就方便很多了。不然的话经常一个故障，我们就要跑山上去巡线，要是线路通道清理不及时，时间肯定快不了。"

老陈附和道："更别说巡线时间长了，好不容易找到故障点，到了现场，发现检修的难度也很大，别老怪我们抢修时间长了"。

班长说："我觉得其他所跟我们一样，肯定也有这些问题，但是丙供电所今年的压降情况就做得非常好，我和他们的班长交流过，他告诉我，年初公司通过'1163'战略压降方案挺好的，只是我们都没有贯彻落实。丙供电所每次发生故障都会开展故障后评估，通过评估数据不难发现，深耕'事后'，可以促使形成对同一线路重复停电、同类型故障的有效处置，从而降低故障发生频次。而且，通过雷电定位系统等大数据分析落雷点，线路通道选择尽量避开雷区。积极开展设备防雷专项整治、线路综合检修。这些都值得我们去学习，我觉得在抢修过程中，将运检技术支撑、带电作业不停电支撑、集体企业施工力量支撑、物资部材料供应支撑统一纳入抢修力量支撑体系。正常送电后，抢修指挥班做好配电变压器监测、复电跟踪支撑。多元化的力量支撑体系将闲散的资源力量有效集中，这样就可以大大提升故障处置效率，缩短抢修时长"。

【案例结果】

乙供电所通过持续优化供电抢修服务指挥体系，开展"故障精准研判指挥、智能高效隔离、快速修复送电、严肃分析闭环"四位一体管理，形成了符合供电所实际的特色供电服务体系，在时户数压降的管控上取得了明显的成效。

【案例经验】

要积极评价关键过程实施的有效性和效率，改进关键过程，减少过程波动与非增值性活动，使管控过程与发展方向和业务需要保持一致，并在各部门和各过程分析改进成果和经验教训，以促进企业的学习和创新。

（四）"学习改进"能力要素提升策略

1. 行为表现

"学习改进"能力要素各级别行为表现要求见表6-16。

表6-16　　　　　"学习改进"能力要素各级别行为表现要求

L1 入门级	1. 能够响应企业或上级安排的学习任务，参与基础的技能培训、制度宣贯等学习活动，被动吸收知识和技能； 2. 在工作中遇到问题时，能向上级或同事反映，但主动分析较少； 3. 学习后能模仿应用所学的简单知识和技能，在相似场景下重复执行
L2 应用级	1. 根据岗位需求和个人短板，自主制定学习计划，主动寻找合适的学习资料和渠道，有针对性地提升专业知识和技能； 2. 遇到工作难题时，能够主动运用所学知识和经验，通过查阅资料、请教他人等方式分析问题，提出并实施解决方案； 3. 在完成任务或解决问题后，主动总结经验教训，反思自身不足，形成书面或口头总结，明确后续改进方向
L3 拓展级	1. 突破岗位和专业局限，主动学习跨领域知识，如管理、技术、数字化工具等，并将不同领域知识融合应用到班组工作中，开拓创新思路； 2. 针对班组工作中的系统性问题，运用所学知识和方法，制定全面的改进方案，协调各方资源推动实施，实现班组整体效能提升； 3. 在班组内建立常态化学习机制，组织开展定期学习活动、案例研讨等，引导班组成员养成持续学习的习惯
L4 指导级	1. 在行业内分享班组先进的学习改进经验和实践成果，参与行业标准制定和研讨，引领行业学习改进方向； 2. 结合企业战略和行业发展趋势，创新班组学习模式，引入新技术和新理念，打造独具特色的学习改进体系； 3. 从企业战略高度出发，主导制定班组重大学习改进决策，推动学习改进工作与企业战略深度融合，为企业发展提供有力支持

2. 工具方法

（1）能力要素提升任务："学习改进"能力要素提升任务见表6-17。

表6-17 "学习改进"能力要素提升任务

分级	提升任务
L1 入门级	1. 主动关注行业基础动态与企业内部信息，自发探索与岗位相关的基础学习资源，形成主动学习的习惯； 2. 面对工作问题时，尝试运用已学知识初步分析原因，而非单纯依赖他人，逐步培养独立思考能力； 3. 将学习到的新知识、新技能主动应用于日常工作场景，通过实践加深对知识技能的理解和掌握
L2 应用级	1. 系统学习专业领域的进阶知识，构建完整的知识框架，将碎片化知识串联整合，提升知识应用的灵活性； 2. 在总结经验的基础上，尝试突破传统思维，探索更高效的工作方法和流程，将学习成果转化为实际工作中的创新改进举措； 3. 积极与班组成员分享学习心得和实践经验，在班组内营造相互学习、共同进步的氛围，促进团队整体能力提升
L3 拓展级	1. 关注行业前沿趋势和新技术发展，提前规划学习方向，储备前瞻性知识，为班组应对未来挑战做好准备； 2. 对班组现有的改进流程和机制进行评估和优化，建立更科学、高效的持续改进体系，保障改进工作的长效性； 3. 通过指导和培养，在班组内发掘和培育学习骨干，形成以点带面的学习改进模式，提升班组整体学习改进能力
L4 指导级	1. 整合企业内外资源，与高校、科研机构、行业伙伴建立合作，构建班组学习生态系统，实现资源共享和优势互补； 2. 通过持续的学习改进实践，推动班组乃至企业学习文化变革，将学习改进融入企业价值观和日常运营中； 3. 将丰富的学习改进实践经验进行理论升华，形成可复制、可推广的方法论和研究成果，为企业和行业提供理论参考

（2）能力提升可用资源。

1）规章制度类：见表6-18。

表6-18 规章制度类资源

国家法律法规	1.《国家电网公司规章制度管理办法》； 2.《中央企业合规管理办法》

续表

行业标准	1.《国网公司教育培养管理办法》； 2.《供电营业规则》
公司标准及 规程规定	1.《国网公司卓越班组建设提升三年行动方案》； 2.《国家电网公司教育培训管理办法》； 3.《员工职业发展手册》

2）培训课程类：见表6-19。

表6-19　　　　　　　　　　培训课程类资源

内部课程	国网课堂：班组长核心能力（学习能力）提升的关键
外部课程	1. 如何当好班组长？揭秘企业管理最前沿的工作方法与经验！－微信公众号； 2. 如何炼成超强学习能力？ － 哔哩哔哩 _bilibili； 3. 倍速学习法：掌握技能速成的秘诀 －51CTO 学堂； 4. 为什么你要终身学习？ －_ 哔哩哔哩 _bilibili； 5. 人在什么情况下成长最快？ －_ 哔哩哔哩 _bilibili

3）书籍教材类：见表6-20。

表6-20　　　　　　　　　　书籍教材类资源

L1 入门级	《认知天性—让学习轻而易举的心理学规律》[美] 彼得·布朗 / 马克·麦克丹尼尔，中信出版社
L2 应用级	《高效能人士的 7 个习惯》柯维，中国新华出版社
L3 拓展级	《第五项修炼学习型组织的艺术与实践》[美] 彼得·圣吉，中信出版社
L4 指导级	《如何当好班组长，打通企业管理"最后一公里"》崔生祥王泽民，人民日报出版社

4）工具方法类。

工具　甘特图

a. **工具适用范围（使用场景）：** 学习计划的实施及各项任务完成情况。

b. **工具应用步骤：**

①下载简道云：http://s.fanruan.com/6f9q5

②明确目标：制定甘特图，计划学习时间，跟踪学习进度，测定工作负荷，为正确

制定学习活动执行顺序给予指导帮助，明确学习的先后顺序、时间及时间约束，能有效地提高项目效率，关键路径的确定能给质量改进提供依据。

③人员组成：设计表单并录入数据，先设计如图所示的会议室预约表单，不用人工录入，直接发布给成员，由成员填写。

④具体实施：在仪表盘中添加甘特图然后在简道云首页点击新建「仪表盘」：【数据组件】——【甘特图】，选择相关内容制作。

3. 典型案例

案例　学习型班组建设

【案例背景】

随着电力行业的快速发展和技术的不断进步，电网企业对员工的专业技能和综合素质提出了更高要求。某日，班组长唐哥在供电所数供平台录入人员信息时，发现整体供电所人员 50 周岁以上占 70% 以上，技能等级许多只到中级工，各类证书比较缺乏，参加竞赛比武获得成绩的寥寥无几。

【问题/挑战】

该供电所员工普遍年龄较大，主动学习的意愿不强，参加公司组织的各类培训较少，对近年来工作中的新事物、新业务接受能力较差，主动参加各类竞赛比武次数很少，员工整体综合素质距离公司对员工的要求仍有差距，故各项绩效指标水平处于落后位置。

【行动/措施】

班组长唐哥发现该情况后，通过研究分析认为供电所人员综合素质是影响班组进步的重要因素，故经向所长汇报后，决定由班组长唐哥为主开展供电所学习型班组的建设，以改善目前落后现状，进一步向先进供电所冲刺。

班组长唐哥主要以下列方式开展学习型班组建设：

1. 明确目标与规划

在制定学习目标过程中，班组长充分地与各类供电所员工深入探讨分析，首先明确整体工作的目标是为了提升班组整体技能水平、增强团队协作能力、提高工作效率和服务质量。

根据设立的目标，班组长唐哥按照供电所实际情况为不同员工制定了详细的学习计划和实施方案，明确了学习内容、学习方式、时间安排、考核标准等。

2. 创新学习方式

班组长唐哥结合员工年龄较大、学习意愿不强的特点，采用了灵活多样的培训形式。例如通过现场教学、实操演练、互动问答等方式，使培训内容更加生动有趣，易于接受。同时，利用数字化学习平台提供便捷的学习资源，方便员工随时随地进行学习。采用分层分类培训，根据员工的技能水平和岗位需求，制定了分层分类的培训计划。对于基础薄弱的员工，重点加强基础知识和技能的培训；对于技能水平较高的员工，则引导其深入学习新技术、新业务，例如理论线损治理、分段监测设备应用等。

3. 强化实践与应用

为了强化学习型班组建设过程中的进度管控和实践，班组长唐哥将学习内容与实际工作项目相结合，通过项目制学习的方式让员工在实践中学习、在实践中成长。为了检验学习效果，定期组织考核活动，对员工的学习成果进行检验。同时，及时给予反馈和建议，帮助员工明确学习方向和改进措施。

4. 营造学习氛围

注重树立学习榜样，通过表彰先进、分享经验等方式激发员工的学习热情。同时，鼓励员工之间相互学习、相互帮助，形成良好的学习氛围。为了增强团队凝聚力，班组长还定期组织团队建设活动和文化交流活动。这些活动不仅加深了员工之间的友谊和合作精神，还为员工提供了展示自我、交流思想的平台。

【案例结果】

通过班组长唐哥的不懈努力，该供电所的学习型班组建设取得了显著成效。员工的学习意愿和积极性明显增强，专业技能和服务水平得到显著提升。同时，班组内部的团队协作能力和工作效率也得到了提高。

【案例经验】

学习型班组建设四部曲：

（1）明确目标与规划：明确学习型班组建设的目标，为员工制定详尽的学习计划。

（2）创新学习方式：采用灵活多样的培训形式，采用分层分类培训。

（3）强化实践与应用：将学习内容与实际工作项目相结合，定期考核与反馈。

（4）营造学习氛围：注重树立学习榜样，增强学习型团队交流。

本章总结

本章围绕问题解决与创新实践，介绍如何通过技术工具、流程优化和持续学习应对挑战。通过案例展示 RPA 技术应用、线上服务模式创新、学习型班组建设等实践，说明如何突破传统思维，提升班组适应能力。

创新实践的落地，最终回归到专业能力的深化与团队协作的优化。例如，RPA 技术的应用需要技术骨干的专业支撑，线上营业厅的推广依赖团队高效协作。全书以五大能力的协同提升为闭环：专业筑基保障安全高效，沟通破局整合资源，自律立威凝聚团队，创新应变引领未来。这种系统化能力模型，既呼应了新型电力系统对基层管理者的要求，也为班组长提供了从"执行层"向"战略层"跃迁的清晰路径，最终推动班组成为企业高质量发展的基石。

一、手册要点总结

本手册围绕班组长核心能力提升展开，深入剖析了班组长在企业运营中的关键角色与核心能力体系。通过对班组长角色定位的阐述，明确其作为前线指挥官、安全守护者、团队凝聚者和沟通协调者的多元角色，以及承载的对公司战略执行、班组成员引领和行业标杆打造的期望。

在核心能力体系方面，详细论述了五大核心能力及其提升策略。专业业务能力涵盖安全保障、技能本领和政策落实，通过提升任务、工具方法运用及典型案例分析，助力班组长在工作中确保安全、高效作业并精准落实政策。沟通协调能力包含内部沟通、关系维护、组织协调和汇报反馈，借助多种工具与方法提升沟通技巧、协调资源及有效反馈，以促进工作协同与团队和谐。自我管理能力强调政治素养、严格自律和时间管理，通过学习资源与实践任务提升自我约束、政治觉悟和时间规划能力，为班组树立榜样。团队建设能力涉及梯队建设、高效协作、绩效管理和文化建设，旨在打造积极向上、富有战斗力的团队，通过各类措施优化团队结构、提升协作效率、科学管理绩效和塑造特色文化。创新应变能力包括问题识别、创新思维、决策执行和学习改进，借助相应工具与实践提升创新解决问题、果断决策执行和持续学习进步的能力，推动班组工作不断优化发展。

二、班组长队伍建设目标与期望

（一）智领班组，专业深耕强根基

期望班组长在专业领域持续深耕，成为电力技术的专家能手。不仅精通传统电力业务，还能紧跟行业智能化发展趋势，熟练掌握并应用智能电网相关技术，如智能设备运维、自动化系统操作等。在面对丽水地区复杂地形和多样供电需求带来的技术挑战时，能够凭借深厚的专业知识和丰富经验，迅速准确地解决问题，确保电力供应的安全稳定。同时，积极推动班组内的技术创新与实践应用，鼓励班组成员参与技术研发和改进项目，提升班组整体的技术水平和创新能力，为公司在电力技术领域的发展提供有力支撑。

（二）慧聚团队，协作赋能促发展

致力于打造高效协作、凝聚力强的班组团队。班组长应具备卓越的团队领导能力，能够精准洞察班组成员的优势与潜力，根据每个人的特点进行合理分工，实现人力资源的优化配置。建立开放、有效的沟通机制，促进班组成员之间、班组与其他部门之间的信息共享和协同合作，打破工作壁垒，提高工作效率。注重团队文化建设，营造积极向上、团结互助的工作氛围，增强团队成员的归属感和忠诚度。通过组织团队建设活动、培训课程等方式，提升团队整体素质和协作能力，使班组成为一个紧密协作、富有战斗力的整体，共同应对各种工作挑战，推动公司业务的顺利开展。

（三）锐应变革，创新应变赢未来

培养班组长敏锐的市场洞察力和创新应变能力，使其能够快速适应行业变革和市场需求的变化。在面对新能源接入、电力体制改革等行业趋势时，积极主动探索新的管理模式和工作方法，推动班组工作流程优化和创新发展。鼓励班组长带领团队开展创新项目，如优化供电服务流程、研发新型电力设备等，提高工作效率和服务质量，增强公司在市场中的竞争力。同时，建立完善的创新激励机制，对在创新工作中表现突出的班组和个人给予表彰和奖励，激发团队的创新活力和创造力，为公司的可持续发展注入新动力。

（四）贤育人才，梯队建设筑根基

注重班组长队伍的人才梯队建设，为公司的长远发展储备充足的管理人才。建立科学合理的人才选拔机制，从基层员工中选拔出具有潜力和发展前景的优秀人才，为其提供系统的培训和发展机会。加强对班组长后备人才的培养，通过导师制、轮岗锻炼、项目实践等方式，提升其综合素质和管理能力。建立人才储备库，对后备人才进行动态管理和跟踪评估，确保人才队伍的质量和稳定性。通过持续不断的人才培养和梯队建设，形成合理的人才结构，为公司的持续发展提供坚实的人才保障，确保班组长队伍能够不断适应公司战略发展的需要，推动公司在电力行业中保持领先地位。

参 考 文 献

［1］李康宁，吕嘉慧，夏惠惠，等.大数据技术在班组长培训策划中的应用［J］.中国
电力教育，2023，（06）：16-17.

［2］叶周娟，杨浩，吴凌云，等.基于"杨三角"理论建设青年员工培养体系［J］.中
国电力教育，2024，（12）：60-61.

［3］李康宁，陈金红.全价值链体系化管理在班组长培训中的实践应用［J］.企业管理，
2019，（S2）：18-19.

［4］吴俊，贺燕萍，刘春苓，等.电力企业一线班组长管理能力培训与评价体系研究
［J］.管理观察，2018，（36）：16-18.

［5］陈剑青，陈奥奇，周樟富，等.基层供电所"五小"创新创效实践［J］.农电管理，
2025，（02）：19-20.

［6］胡建浩，程俊稳，尹利燕，等."线上供电所"服务新模式在基层供电所的探索与
实践［J］.农电管理，2025，（02）：72-73.

［7］胡建浩，周樟富，张欣欣.温溪供电所：设立"指标情报局"提升管理效能［J］.
中国电力企业管理，2024，（32）：80-81.

［8］唐超颖，严威.供电所员工培育成长的多样化实施路径［J］.农村电工，2023，31
（12）：19.

［9］江欣，雷虹云，朱杰，等.以"主动式"为特征的班组安全管理能力提升探索与实
践［J］.农电管理，2022，（09）：15-18.

［10］赵仲夏，钟晖，张黎明，等.班组建设管理以"二八原则"提升企业生产效率
［J］.现代企业文化，2022，（22）：56-58.

［11］金乐婷，周刚，陈曦.精细化管理对企业班组管理质量提升的探索与研究［J］.农
电管理，2022，（07）：42-44.

［12］周丹阳.电力班组数字化转型实践［J］.中国电力企业管理，2022，（03）：80-
81.

［13］陈加炜，陈超.构建"123"减负体系打造赋能高效班组［C］//中国电力企业管
理创新实践（2020年）.国网浙江省电力有限公司杭州供电公司，2021：43-46.

［14］卞政.班组建设与管理的方法探讨［J］.中外企业家，2020，（19）：120+138.

［15］李振平.企业班组赋能管理的探索与实践——以国网客服中心北方分中心为例［J］.企业改革与管理，2022，（08）：57-59.

［16］方建筠，谢峰，徐东，等.输变电工程施工作业层班组精准培训体系建设［J］.中国电力教育，2021，（04）：36-38.